CONEXÃO
na sintonia do amor

Editora Appris Ltda.
1.ª Edição - Copyright© 2025 dos autores
Direitos de Edição Reservados à Editora Appris Ltda.

Nenhuma parte desta obra poderá ser utilizada indevidamente, sem estar de acordo com a Lei nº 9.610/98. Se incorreções forem encontradas, serão de exclusiva responsabilidade de seus organizadores. Foi realizado o Depósito Legal na Fundação Biblioteca Nacional, de acordo com as Leis nos 10.994, de 14/12/2004, e 12.192, de 14/01/2010.

Catalogação na Fonte
Elaborado por: Josefina A. S. Guedes
Bibliotecária CRB 9/870

P421c
2025
	Pepe, Paulo A. B.
	    Conexão: na sintonia do amor / Paulo A. B. Pepe. – 1. ed. – Curitiba: Appris: Artêra, 2025.
	    241 p. ; 21 cm.
	
	    ISBN 978-65-250-7774-1
	
	    1. Empatia. 2. Respeito. 3. Amor. 4. Resiliência. I. Título.
	
	    CDD – 152.41

Appris editorial

Editora e Livraria Appris Ltda.
Av. Manoel Ribas, 2265 – Mercês
Curitiba/PR – CEP: 80810-002
Tel. (41) 3156 - 4731
www.editoraappris.com.br

Printed in Brazil
Impresso no Brasil

PAULO A. B. PEPE

CONEXÃO
na sintonia do amor

editorial

Curitiba, PR
2025

FICHA TÉCNICA

EDITORIAL	Augusto V. de A. Coelho
	Sara C. de Andrade Coelho
COMITÊ EDITORIAL	Ana El Achkar (Universo/RJ)
	Andréa Barbosa Gouveia (UFPR)
	Jacques de Lima Ferreira (UNOESC)
	Marília Andrade Torales Campos (UFPR)
	Patrícia L. Torres (PUCPR)
	Roberta Ecleide Kelly (NEPE)
	Toni Reis (UP)
CONSULTORES	Luiz Carlos Oliveira
	Maria Tereza R. Pahl
	Marli C. de Andrade
SUPERVISORA EDITORIAL	Renata C. Lopes
PRODUÇÃO EDITORIAL	Maria Eduarda Pereira Paiz
REVISÃO	Ana Carolina de Carvalho Lacerda
DIAGRAMAÇÃO	Amélia Lopes
CAPA	Daniela Baumguertner
REVISÃO DE PROVA	Ana Castro

APRESENTAÇÃO

Nota do autor: o método

O livro *Conexão* é resultado de um profundo estudo autodidata, conduzido ao longo de dois anos, em que me dediquei *(dias e noites)* à compreensão e exploração das relações humanas, suas emoções e dinâmicas. Esse processo não apenas se deu em teoria, mas também foi alimentado por experiências práticas *(e atenta observação alheia)* em minha própria vida, especialmente na tentativa de reconexão com minha ex-esposa, *na intenção de uma reconquista afetiva.*

Embora os caminhos da vida tenham seguidos novos cursos e horizontes, diferentes do planejado, tornei-me uma pessoa melhor e extremamente grato a Deus e ao *"conhecimento"* por ter me dado a oportunidade única de redescobrir sentimentos maravilhosos como *Amor, Respeito e Perdão...* que me deram base sólida para a construção de um ambiente emocionalmente mais saudável para mim e minha família, e a descoberta de uma nova forma de conexão íntima e pura: *A AMIZADE SINCERA* — uma forma plena de amor real. Amor que me presenteou com uma das pessoas mais importantes da minha vida agora: minha melhor amiga-irmã: *a mãe dos meus filhos.*

O processo de estudo e desenvolvimento

Durante esse período de um pouco mais de um ano, mergulhei em diversas áreas do conhecimento, incluindo psicologia, comunicação interpessoal, desenvolvimento emocional e práticas de autoconhecimento.

Gostaria de elencar algumas partes do processo, método e seus pilares:

Os processos a seguir servem para todos nós... Então aplique-os em sua vida se necessário for, para reconstrução e autodesenvolvimento emocional e organizacional.

Leitura ampla e releitura crítica

Livros de psicologia comportamental, estudos sobre empatia, conexões humanas e resolução de conflitos foram fontes primárias que serviram como base para esta obra.

Observação prática

Muitas das reflexões foram baseadas em observações do dia a dia, tanto em experiências próprias quanto em interações sociais. Isso incluiu dinâmicas familiares, interações sociais e profissionais.

Uma grande janela – *durante meu trabalho em farmácia (uma das minhas profissões)*, tive a oportunidade de ter conversas com clientes em igual situação relacional – foi uma troca de experiência extremamente gratificante e enriquecedora. Obrigado a todos que me ouviram e contaram também suas histórias pessoais.

Aplicação real na reconexão

Este livro nasceu de um momento pessoal de dor e transformação. Minha separação foi um ponto de partida para buscar respostas. Em meu esforço para reconquistar minha ex-esposa, apliquei técnicas de comunicação empática, construção de confiança e solução de conflitos descritas aqui.

Embora a reconexão no âmbito conjugal não tenha se concretizado, o processo me trouxe um amadurecimento significativo e fortaleceu outros laços, como o relacionamento com meus filhos, família e amigos. E aprendi, acima de tudo, que *cada caso é um caso*. Tudo tem suas particularidades. Nem todo processo *que deu certo ou errado* para mim se dará da mesma forma para você.

Adapte o que achar necessário e aplique aquilo que seu coração (intuição), momento e circunstância demandar. Entenda que paciência, dedicação e aceitabilidade pela inevitabilidade existem, e serão professoras durante seu percurso neste manual e na sua tentativa pessoal de reparação de conexões rompidas ou instáveis. Brevemente falarei mais a respeito dos conceitos de *inevitabilidade e aceitabilidade*.

Integração de experiências e teorias

Cada conceito apresentado no livro foi testado e ajustado com base em experiências reais, buscando garantir sua aplicabilidade. A obra é, portanto, um equilíbrio entre teoria e prática, desenhada para dialogar diretamente com as experiências do leitor – mas como sou humano e é meu primeiro trabalho literário, peço desculpa antecipada pelos erros que posso ter cometido durante o desenvolvimento da obra. *Prometo que farei melhor no próximo livro.*

Para quem este livro foi feito

Inicialmente, *Conexão* foi pensado como um guia para quem busca melhorar suas relações afetivas e familiares. Com o tempo, percebi que as lições aprendidas transcendem esses âmbitos e podem beneficiar pessoas em qualquer relação humana.

Agora, esta obra é direcionada a todos que desejam construir conexões significativas e saudáveis, sejam elas românticas, familiares, de amizade ou profissionais. *O objetivo é proporcionar ferramentas para melhorar a comunicação, aprofundar a empatia e enfrentar os desafios relacionais com resiliência e sabedoria.*

Meu desejo para você, leitor

Que este livro seja mais do que uma leitura; que ele se torne um convite para a reflexão, a mudança e o crescimento pessoal. Assim como ele me ajudou a encontrar caminhos para lidar com minha própria jornada emocional, espero que ele inspire você a trilhar sua própria estrada rumo a relações mais profundas, autênticas e saudáveis. Lembre-se: *toda conexão genuína começa dentro de nós mesmos pela sábia interpretação dos nossos próprios sentimentos – conhecimento é poder (ver nota no fim do livro).*

Com gratidão e esperança,

Paulo A. B. Pepe

NOTA CURTA DO AUTOR

Lute por seus relacionamentos se há amor e esperança no coração... Eu perdi o meu, pois tardiamente acordei – demorei demais para interpretar os sinais de alerta da vida. Então, desperte, corra e reencontre o que é seu... antes que outra pessoa corra e ache por você. Antes que seja tarde demais, como no meu caso.

Muitas vezes acabamos por confundir "comodidade" com "segurança", acreditamos estar seguros apenas porque nos acostumamos com algo que parece estável, mas, na verdade, tudo pode mudar, e o que parecia garantido pode se perder, quando mudanças inevitáveis ou inesperadas ocorrem – cuidado com a sombria "zona de conforto" – resquícios de um DNA primitivo ainda em evolução...

SUMÁRIO

CAPÍTULO 1
INTRODUÇÃO 15

CAPÍTULO 2
CONCEITOS UNIVERSAIS 16

CAPÍTULO 3
CONEXÃO 20

CAPÍTULO 4
AS CONEXÕES MAIS CASUAIS 27

CAPÍTULO 5
CONEXÃO DA ATRAÇÃO 33

CAPÍTULO 6
CONEXÃO FAMILIAR 35

CAPÍTULO 7
O PODER DA EMPATIA 41

CAPÍTULO 8
EMPATIA 47

CAPÍTULO 9
PERDA DE CONEXÃO 53

CAPÍTULO 10
ROMPIMENTOS AFETIVOS E O ESPELHO EMOCIONAL 61

CAPÍTULO 11
CUIDADOS COM FILHOS DIANTE DE UMA SEPARAÇÃO 68

CAPÍTULO 12
SEGUIR O DESTINO DE CADA UM 73

CAPÍTULO 13
CHORAR FAZ BEM 81

CAPÍTULO 14
O PERIGO DE "COZINHAR UMA PESSOA" 85

CAPÍTULO 15
QUANDO UMA TERCEIRA PESSOA ENTRA NO CONTEXTO 90

CAPÍTULO 16
POSSIBILIDADE DE... UMA SEGUNDA CHANCE? 96

CAPÍTULO 17
UMA REVISÃO... REFIXANDO 102

CAPÍTULO 18
VAMOS FAZER UM CHECKLIST EMOCIONAL? 109

CAPÍTULO 19
PRESENTEAR 113

CAPÍTULO 20
TÉCNICA DO 'CONTATO ZERO' FUNCIONA? 117

CAPÍTULO 21
QUANDO "A EX" OU "O EX" ESTÃO APAIXONADOS
POR OUTRA PESSOA 123

CAPÍTULO 22
RESPEITO 127

CAPÍTULO 23
RENASCIMENTO DO AMOR PERDIDO 133

CAPÍTULO 24
RELAÇÕES TÓXICAS 139

CAPÍTULO 25
O PERIGO DA ANSIEDADE CRÔNICA NOS TEMPOS ATUAIS 159

CAPÍTULO 26
OS OPOSTOS SE ATRAEM MESMO? 166

CAPÍTULO 27
PARADOXO DA PAIXÃO 169

CAPÍTULO 28
É POSSÍVEL FREAR UMA PAIXÃO? 173

CAPÍTULO 29
COMO O "PROPÓSITO COMUM" PODE FREAR UMA PAIXÃO? . 173

CAPÍTULO 30
O PARADOXO DO FURACÃO 179

CAPÍTULO 31
ALGUMAS ESTRATÉGIAS PARA FREAR UMA PAIXÃO
DESCONTROLADA 189

CAPÍTULO 32
QUANDO ACREDITAMOS QUE AMAMOS... SÓ QUE NÃO 193

CAPÍTULO 33
ACEITAR AS PESSOAS COMO ELAS SÃO 196

CAPÍTULO 34
O "PROPÓSITO COMUM" NOS RELACIONAMENTOS 201

CAPÍTULO 35
O PERDÃO 212

CAPÍTULO 36
HERANÇA FAMILIAR NEGATIVA 215

CAPÍTULO 37
O PARADOXO DA REALIDADE INVERTIDA 221

CAPÍTULO 38
A FLOR DO DESERTO 223

CAPÍTULO 39
INEVITABILIDADE E ACEITABILIDADE 225

CAPÍTULO 40
A CONEXÃO FINAL 229

CAPÍTULO 41
NOVOS HORIZONTES 231

NOTA FINAL DO AUTOR 234

POEMA DE DESPEDIDA 235

GRATIDÃO PARA O INFINITO 237

AGRADECIMENTOS ESPECIAIS 238

NOTA SOBRE A IMPORTÂNCIA DO CONHECIMENTO 239

CAPÍTULO 1

INTRODUÇÃO

Conexão psicológica

É o vínculo profundo entre indivíduos baseado na compreensão mútua, na troca de pensamentos e na sintonia emocional. Diferentemente de conexões superficiais, ela ocorre quando duas pessoas se sentem genuinamente compreendidas em seus valores, crenças e emoções, criando uma sensação de segurança e proximidade.

Essa conexão se manifesta em conversas significativas, *empatia compartilhada* e em momentos de vulnerabilidade, nos quais as pessoas podem ser autênticas sem medo de julgamento. Por exemplo, em um casal, a conexão psicológica permite que ambos se sintam apoiados e validados em seus desafios emocionais e intelectuais, fortalecendo a parceria.

É um elemento essencial para relações saudáveis, pois promove confiança, cooperação e resiliência, sendo fundamental tanto em relacionamentos românticos quanto em amizades e laços familiares.

CAPÍTULO 2

CONCEITOS UNIVERSAIS

Conexão interpessoal afetiva

A conexão interpessoal afetiva é um dos pilares mais fundamentais da existência humana, um fio invisível que nos une por meio das emoções, da empatia e do compartilhamento de experiências. Trata-se da capacidade de estabelecer laços profundos com outras pessoas, baseados na compreensão mútua, no afeto e na comunicação emocional. É nesse âmbito que os relacionamentos mais significativos se constroem, sejam eles românticos, familiares ou de amizade.

Emocional-afetiva...

Assim, conexão interpessoal afetiva é o estado de sintonia emocional entre indivíduos, ela permite que eles se sintam vistos, compreendidos e valorizados. É mais do que compartilhar espaços ou experiências superficiais; é criar um vínculo único no qual as emoções são percebidas e respondidas de maneira autêntica.

Por exemplo, em um relacionamento romântico, essa conexão se manifesta quando uma pessoa percebe a tristeza do parceiro sem que ele precise dizer uma palavra, ou quando pequenas ações, como um toque ou um olhar, comunicam mais do que mil palavras poderiam. Em amizades, a conexão afetiva pode surgir de conversas profundas e honestas que geram uma compreensão mútua.

Como acontece a conexão interpessoal?

A conexão interpessoal afetiva emerge de três elementos principais:

1. **Empatia:** a capacidade de entender e sentir as emoções do outro. Quando demonstramos empatia, validamos os sentimentos do outro e criamos um ambiente seguro para a vulnerabilidade.

2. **Comunicação emocional:** a habilidade de expressar sentimentos de maneira clara e receptiva, criando um ciclo de troca emocional que aprofunda os laços.

3. **Experiências compartilhadas:** viver momentos significativos em conjunto fortalece o vínculo e cria memórias que alimentam a conexão emocional.

Exemplo:

Um casal que compartilha a experiência de superar um desafio juntos tende a criar uma ligação mais profunda, pois essas experiências reforçam a ideia de parceria e apoio.

De onde surge a conexão interpessoal Emocional-afetiva

A busca por conexão interpessoal está enraizada em nossa evolução como espécie. Humanamente, somos seres sociais que dependem de grupos para sobrevivência. Nos primeiros estágios da história humana, a conexão interpessoal era essencial para formar laços que garantissem proteção, colaboração e reprodução. Esses vínculos também desempenharam um papel fundamental na regulação emocional, ajudando os indivíduos a lidarem com desafios e adversidades.

No contexto moderno, a conexão interpessoal continua sendo vital. Mesmo com a evolução tecnológica e a globalização, o desejo por relações significativas permanece como um aspecto central da nossa experiência humana.

A importância da conexão afetiva na sociedade moderna

Na sociedade contemporânea, marcada por rotinas agitadas e a presença constante da tecnologia, a conexão interpessoal afetiva enfrenta desafios inéditos. Apesar de estarmos mais *"conectados"* digitalmente, muitas vezes carecemos de interações emocionais significativas. Essa desconexão pode levar a sentimentos de *solidão, ansiedade e depressão.*

Por outro lado, relações saudáveis e baseadas na conexão afetiva oferecem inúmeros benefícios:

- **Bem-estar emocional**: relações significativas ajudam a reduzir o estresse e promovem sentimentos de felicidade.

- **Apoio durante adversidades**: uma rede de conexão afetiva oferece suporte emocional em momentos difíceis.

- **Crescimento pessoal**: a convivência com pessoas que nos compreendem e desafiam de maneira construtiva impulsiona nosso desenvolvimento.

Repense...

A conexão interpessoal afetiva é o alicerce dos relacionamentos humanos. É por meio dessa ligação que construímos significados, encontramos apoio e experimentamos o que há de mais profundo em nossa existência: o afeto e a compreensão. Ao priorizar essa conexão, não apenas nutrimos nossas relações, mas também contribuímos para uma sociedade mais humana, empática e conectada.

Sintonia emocional e conexão interpessoal

Sintonia emocional é a capacidade de compreender, compartilhar e responder de maneira empática às emoções de outra pessoa. No contexto da conexão interpessoal, trata-se de um processo dinâmico em que duas ou mais pessoas se conectam em um nível profundo, percebendo e validando os estados emocionais umas das outras.

Essa habilidade envolve a identificação das emoções alheias e também a capacidade de ajustar nossas próprias respostas emocionais e comportamentais para criar um ambiente de confiança e reciprocidade. Na Psicologia moderna, a sintonia emocional é reconhecida como um elemento crucial para relações saudáveis, seja em contextos pessoais, profissionais ou terapêuticos.

Por meio da sintonia emocional, fortalece-se o vínculo interpessoal, promovendo sentimentos de aceitação, segurança e pertencimento. Ela é fundamentada em habilidades como a escuta ativa, a empatia genuína e a comunicação clara, ajudando a construir conexões mais significativas e a resolver conflitos de maneira construtiva.

CAPÍTULO 3

CONEXÃO

O início dos laços mais fortes

Entre a conexão visual (*a primeira conexão*) e a conexão familiar (*produto final*) há diversos elementos que fortalecem uma conexão afetiva entre casais, contribuindo para a profundidade e a durabilidade do relacionamento. Esses elementos envolvem tanto aspectos emocionais quanto comportamentais e são fundamentais para construir intimidade, confiança e parceria. Alguns dos principais aspectos incluem:

1. Comunicação autêntica e aberta

A troca honesta de pensamentos, sentimentos e desejos é essencial para criar um ambiente de confiança e segurança. Quando os casais falam abertamente sobre seus sonhos, medos e necessidades, aprofundam o entendimento mútuo e evitam mal-entendidos que podem gerar conflitos.

- **Exemplo:** reservar momentos regulares para conversas significativas, como um jantar tranquilo ou uma caminhada, fortalece a sintonia emocional.

2. Apoio mútuo nos desafios

Sentir que o parceiro está presente para oferecer suporte em momentos difíceis é um dos fatores mais importantes para fortalecer uma conexão afetiva. Isso inclui tanto suporte emocional quanto o prático, como ajudar em problemas diários ou ouvir ativamente em momentos de estresse.

- **Exemplo:** estar disponível para ouvir sobre o dia do parceiro ou oferecer ajuda prática em um projeto pessoal.

3. Experiências compartilhadas

Criar memórias juntos, seja por meio de viagens, hobbies ou simples atividades cotidianas, ajuda a fortalecer o vínculo. Essas experiências funcionam como lembretes tangíveis da parceria e do amor compartilhado.

- **Exemplo:** fazer aulas de dança, cozinhar juntos ou planejar pequenas escapadas para explorar novos lugares.

4. Demonstrar apreciação e gratidão

Pequenos gestos de reconhecimento pelo esforço e pela presença do outro ajudam a cultivar um relacionamento positivo. Sentir-se valorizado aumenta o desejo de investir no relacionamento.

- **Exemplo:** um simples "Obrigado por cuidar disso hoje" ou um elogio espontâneo pode fortalecer a ligação.

5. Toque físico e intimidade

O contato físico é uma linguagem poderosa de afeto, que vai além do aspecto sexual. Gestos simples, como segurar as mãos, abraçar ou um toque no rosto, criam um sentimento de proximidade.

- **Exemplo:** um abraço prolongado após um dia difícil ou um toque carinhoso durante uma conversa séria pode transmitir apoio e conforto.

6. Confiança e respeito

A confiança é a base de qualquer relacionamento saudável. Respeitar os limites do outro, honrar compromissos e ser consistente no comportamento ajudam a construir um ambiente seguro e confiável.

- **Exemplo:** evitar atitudes que possam causar ciúmes desnecessários ou desconforto, mantendo transparência nas interações.

7. Compartilhamento de valores e metas

Ter objetivos e valores alinhados fortalece a sensação de parceria no longo prazo. Isso pode incluir planos familiares, prioridades financeiras ou sonhos pessoais que o casal deseja alcançar juntos. Desenvolver um *"propósito em comum"*.

- **Exemplo:** planejar a compra de uma casa, economizar para uma viagem ou discutir objetivos de carreira e como apoiá-los mutuamente.

8. Humor e leveza

Rir juntos cria momentos de felicidade e alivia tensões, reforçando a cumplicidade. Um casal que sabe encontrar leveza mesmo em situações desafiadoras tende a ser mais resiliente.

- **Exemplo:** brincadeiras internas ou relembrar histórias engraçadas do relacionamento ajudam a manter a conexão viva.

9. Resolução saudável de conflitos

Como um casal lida com os desentendimentos é crucial para a qualidade da conexão. Evitar culpar ou criticar excessivamente e, em vez disso, buscar soluções construtivas ajuda a manter o respeito e a harmonia.

- **Exemplo:** em vez de reagir impulsivamente, priorizar ouvir a perspectiva do outro antes de responder. *Hoje em dia eu mesmo ensino isso ao meu filho de 10 anos.*

Resumo de dicas para resolução saudável de conflitos em relacionamentos

1. Pratique a escuta ativa:

- Dê espaço para o outro expressar seus sentimentos sem interrupções.

- Demonstre que está ouvindo com atenção, usando frases como *"Eu entendo"* ou *"Você pode explicar melhor?"*.

2. Evite culpar ou atacar:

- Foque o comportamento, não a pessoa.

- Use frases no formato *"Eu sinto [emoção] quando [situação]"*, em vez de *"Você sempre faz isso!"*. Evite o rebate crítico. É provado pela ciência comportamental que em uma discussão não há ganhos... só perdas – *para os dois lados*. Porque pessoas só mudam *quando querem mudar*, e não quando queremos que elas mudem.

3. Mantenha a calma:

- Respire fundo e, se necessário, dê uma pausa na discussão para evitar respostas impulsivas ou agressivas. Tome o famoso copo de água gelada.

- Lembre-se: gritar não resolve, só intensifica o conflito, podendo ser entendido pelo inconsciente como uma nova agressão. Então o ciclo se repetirá.

4. Seja claro e objetivo:

- Expresse suas necessidades e preocupações de maneira direta e honesta... com calma... em tom baixo e desacelerado da voz – *um segredinho da psicologia.*
- Evite sarcasmo, indiretas ou mensagens confusas.

5. Evite "sempre" e "nunca":

- Generalizações amplificam o conflito e dificultam a comunicação.
- Prefira descrever situações específicas.

6. Reconheça seus erros:

- Aceite quando estiver errado e peça desculpas sinceramente. Isso demonstra maturidade e respeito.
- Ou fique apenas em silêncio de escuta.

7. Foque a resolução, não a vitória:

- Relacionamentos não são competições. Busque soluções que beneficiem ambos. Se possível, sentem-se e escrevam. Escrevam em *bilhetinhos* o que desejam um para outro, e em comum para a relação. Formalizar é uma forma de fortificar e validar os desejos soltos no ar. A formalização faz com que *não* nos esqueçamos do que foi acordado de bem comum.
- Pergunte: *"O que podemos fazer para resolver isso juntos? Vamos escrever para não nos esquecer."* – Funciona como um contrato formal de intenção de compromisso, amor e respeito.

8. Defina limites saudáveis:

- Respeite o espaço e as necessidades do outro, mas também expresse as suas.

- Estabeleça o que é aceitável e o que não é, de maneira clara.

9. Evite conflitos em momentos de estresse:

- Não inicie discussões quando estiverem cansados, irritados ou sob pressão. Escolha um momento calmo e oportuno.

10. Busquem terapia de casal (se necessário):

- Um mediador profissional pode ajudar a identificar *padrões tóxicos* e criar estratégias para melhorar a comunicação.

- **OBS.:** um mediador também pode ser um membro familiar ou amigo. Porém se optar por esse interlocutor, lembre-se sempre de que: *esse indivíduo deve ser uma pessoa madura e interessada no bem comum do casal*, pois o que mais presenciamos na atualidade são pessoas que se dizem nossos amigos, entretanto só estão focados nos próprios interesses.

11. Reafirme o compromisso:

- Mostre ao outro que, apesar do conflito, você valoriza o relacionamento.

- Use frases como *"Eu quero resolver isso porque você é importante para mim."*.

12. Autonomia e espaço pessoal

- Embora a conexão emocional seja vital, permitir que cada parceiro tenha seus próprios interesses e tempo para si mesmo é igualmente importante. Essa autonomia individual reforça a identidade pessoal e evita que o relacionamento se torne sufocante.

Exemplo: incentivar o parceiro a investir em seus hobbies e interesses pessoais, como esportes, leitura ou encontros com amigos.

13. Aprenda com o conflito:

- Veja os desentendimentos como oportunidades para entender melhor o parceiro e fortalecer a relação.

- Reflitam juntos sobre o que pode ser feito para evitar conflitos semelhantes no futuro.

Resolver conflitos de modo saudável exige paciência, empatia e um desejo genuíno de melhorar a relação. Ao adotar essas práticas é possível transformar crises em oportunidades de crescimento mútuo e criar um ambiente de respeito e amor dentro do relacionamento. É preciso, acima de tudo, que ambas as partes estejam interessadas em resolver as divergências – *quando duas mentes se unem em um propósito comum, o poder de recriação é fantástico.*

Por fim...

Esses elementos, essas regrinhas da lista, criam uma base de conhecimento sólida para que a conexão afetiva entre casais não apenas se mantenha, mas também floresça e fortifique-se mesmo em meio aos desafios inevitáveis da vida. A combinação de emoção, respeito e esforço contínuo recíproco transforma o relacionamento em uma parceria enriquecedora e duradoura.

Todos nós passamos por conflitos e embates, *isso é inerente à vida de todos*. A diferença não está na circunstância, mas sim em como a tratamos e a resolvemos com inteligência e equidade. Pois é fato da ciência relacional: se não aprendemos *"o bem conviver"* em um relacionamento atual, isso afetará o próximo, e depois o outro, e o outro.

Resolva e aprenda *"no agora"*, pois o depois pode sair caro demais para nossos sentimentos *(como na minha própria experiência conjugal)*. Muitas vezes, quando se perde alguém amado, essa dor pode ser irreparável e sem volta.

CAPÍTULO 4

AS CONEXÕES MAIS CASUAIS

Conexões humanas e seus diferentes tons

As conexões humanas são tecidas por sentimentos e emoções que variam em intensidade, propósito e profundidade. *Amor, paixão, vínculo afetivo e interesse* são as manifestações centrais mais comuns dessas interações, cada uma desempenhando um papel único nas relações interpessoais. Embora distintas, essas emoções frequentemente se entrelaçam, influenciando a maneira como nos relacionamos e criamos vínculos. O amor traz profundidade e altruísmo, enquanto a paixão é marcada pela intensidade imediata. O vínculo afetivo representa segurança e reciprocidade, e o interesse, dependendo do viés, pode ser tanto um motor para o engajamento quanto um meio de obter vantagens pessoais. Juntas, essas forças delineiam a complexidade das relações humanas, exploradas mais detalhadamente a seguir. Posso dizer, por experiência própria, que experimentei esses quatro sentimentos desde minha juventude até os dias atuais: *são praticamente indissociáveis da nossa vida real* e podem acontecer de maneira escalonada, confluindo todos de uma só vez em pouco tempo. Muitas vezes de forma avassaladora. É preciso ter cuidado ao lidar com essas emoções. Conhecê-las uma a uma é uma estratégia fundamental no *conhecimento de escape* de armadilhas sentimentais, que nos causam sofrimento, atrofia e paralisação emocional.

Amor

    Paixão

        Vínculo afetivo

            Interesse social

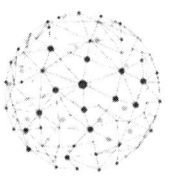

No comportamental sociológico

Resumindo: no contexto da Psicologia Comportamental e Social é possível analisar as conexões humanas mais comuns, incluindo *amor, paixão, vínculo afetivo e interesse social*, sob diferentes perspectivas. Esses sentimentos e emoções moldam os relacionamentos interpessoais e refletem os diversos modos como buscamos nos conectar uns com os outros. *No próximo livro (Reconexão) falaremos com mais abrangência sobre esses quatro sensos.*

1. Amor

Características: inclui cuidado, empatia, apoio mútuo e uma conexão emocional que transcende interesses materiais ou passageiros.

- **Psicologia Comportamental**: no amor, comportamentos pró-sociais, como apoio e sacrifício, são frequentes. A busca por reciprocidade e apego seguro é essencial.

- **Exemplo**: um casal que constrói uma vida juntos enfrentando dificuldades financeiras, mas permanece unido pelo respeito e admiração mútuos.

- **Conexão**: o amor é uma forma de conexão que busca a felicidade e o bem-estar do outro, muitas vezes sem esperar algo em troca.

2. Paixão

A paixão é uma emoção intensa e transitória, marcada por desejo, entusiasmo e conexão profunda, geralmente voltada para alguém ou algo. Ela pode gerar euforia, foco e energia, mas também impulsividade e instabilidade, sendo muitas vezes o ponto de partida para sentimentos mais duradouros, como o amor.

Assim, a paixão é caracterizada por uma atração intensa e frequentemente imediata, marcada por excitação emocional e desejo.

- **Características**: inclui forte energia, idealização e, muitas vezes, foco no prazer momentâneo.

- **Psicologia Comportamental**: comportamentos impulsivos e um foco excessivo no objeto da paixão são comuns. A dopamina e a adrenalina desempenham papéis importantes nesse estado. Falaremos mais sobre esses hormônios especiais, dopamina e adrenalina, em um capítulo especial no próximo livro (*Reconexão*).

- **Exemplo**: alguém que se envolve romanticamente com outra pessoa devido à forte atração física, sem considerar aspectos de compatibilidade emocional ou a longo prazo.

- **Conexão**: a paixão pode ser poderosa, mas geralmente é instável, precisando evoluir para outras formas de vínculo mais saudável e sólido para se sustentar.

É imprescindível que esse sentimento, "PAIXÃO", se desenvolva (migre) para comportamentos mais realistas, analíticos e estáveis. Quem está apaixonado geralmente tem a mente tomada por decisões impulsivas e, em alguns casos, irresponsáveis. *A mente faz... não pensa.* Não é fácil, mas precisamos domar esse tipo de emoção, pois é passível de ocasionar fragmentação social, ou rupturas desnecessárias de conexões afetivas, muitas vezes, com danos irreparáveis. Por experiência própria como atento observador, presenciei relatos de clientes – *enquanto, durante 25 anos trabalhando em balcão de farmácia*, vi casais e famílias destruídas por uma simples decisão de minutos (*impulso descontrolado e cego*). Decisões e atitudes impensadas por parte de pessoas sob a ação da **"Paixão insana"** – *homens ou mulheres que deixaram suas famílias "pelos amantes" e se arrependeram dias e meses depois.*

3. Vínculo afetivo

O vínculo afetivo refere-se a uma ligação emocional estável e baseada em confiança e intimidade.

O vínculo afetivo é uma conexão emocional duradoura entre pessoas, caracterizada por sentimentos de proximidade, segurança e reciprocidade. Ele é essencial para relacionamentos saudáveis e se forma por meio de experiências compartilhadas, confiança e cuidado mútuo.

- **Características**: inclui comprometimento, segurança emocional e reciprocidade.

- **Psicologia Comportamental**: comportamentos de cuidado, proteção e cooperação predominam. O vínculo pode ser fortalecido por experiências compartilhadas e comunicação eficaz.

- **Conexão**: esse tipo de vínculo fortalece relações duradouras e contribui para o bem-estar emocional, muitas vezes baseado na troca mútua de benefícios emocionais ou práticos.

- **Exemplo**: a amizade profunda entre duas pessoas que compartilham histórias, segredos e apoio mútuo ao longo de anos.

Outros exemplos nobres: casais que se separam e se tornam amigos em busca de sentimentos positivos que inspirem tranquilidade e segurança para a criação dos filhos.

NOTA Especial: *Conexão* foi basicamente inspirado em minha experiência de separação – *como já dito* –, em que tive que superar os sentimentos depressivos de culpa *(o que deixei de fazer e o que não deveria ter feito ou embatido)*, melancolia e profunda tristeza, iniciando uma busca por conhecimento (autoajuda) a fim de desenvolver-me, com foco em adquirir maturidade e estabilidade emocional. O objetivo posterior foi lançar-me numa tentativa de reconquista de um amor perdido. A reconquista não veio, mas o maior ganho no caminho foi ter aprendido a cuidar melhor dos meus lindos e amados filhos – *e seguir em frente posteriormente sem olhar para trás.*

Hoje tenho uma ótima e exemplar relação, *um vínculo afetivo forte e maduro* com minha ex-esposa, e aprendi, *como veremos nos textos posteriores, que*: respeito, amizade sincera e amor verdadeiro são a base de tudo para relacionamentos saudáveis e duradouros *(deixo aqui meu eterno agradecimento à mãe dos meus filhos – mulher forte, dedicada e, acima de tudo, amiga)*.

4. Interesse social

No contexto da Psicologia Social, o interesse pode ser analisado sob diferentes ângulos. Quando visto como uma emoção inicial de curiosidade, ele impulsiona a interação e o engajamento. Sob o viés de esperar algo em troca, o interesse pode se transformar em um comportamento instrumental, focado no benefício pessoal.

- **Características**: inclui aproximação intencional, cálculo racional e busca por vantagem pessoal.

- **Exemplo**:

  - **Interesse curioso (inocente)**: alguém começa uma amizade porque admira as habilidades ou conhecimentos da outra pessoa.

- **Interesse instrumental**: uma mulher decide se casar com um homem rico pensando no conforto e no estilo de vida que sua riqueza proporcionará.

- **Psicologia Comportamental**: esse tipo de interesse é frequentemente mediado por reforços externos, como status, dinheiro ou vantagens sociais. O comportamento se sustenta enquanto o benefício percebido for alcançado.

- **Conexão**: apesar de criar uma forma de ligação, o interesse instrumental é frequentemente superficial e condicionado a um retorno específico.

Correlação com o conceito de conexão

- **Amor e vínculo afetivo** representam formas mais genuínas e altruístas de conexão, frequentemente fundamentadas na reciprocidade emocional e no respeito mútuo.

- **Paixão** surge como uma conexão intensa e instável, que pode se transformar em algo mais profundo ou simplesmente se dissipar.

- **Interesse instrumental social**, como no exemplo de uma mulher que busca um casamento pelo conforto financeiro, reflete um tipo de conexão motivada por ganhos específicos. Embora funcional em muitos casos, essa conexão é menos resiliente, pois depende de circunstâncias externas que podem mudar.

Essa análise permite compreender como diferentes sentimentos e intenções influenciam nossos relacionamentos. Ao entender o papel do interesse instrumental social, é possível reconhecer sua prevalência em certos contextos e equilibrá-lo com valores como empatia, autenticidade e reciprocidade para evitar relações insustentáveis.

CAPÍTULO 5

CONEXÃO DA ATRAÇÃO

Linguagem corporal, a primeira conexão

A linguagem corporal da atração, segundo a Psicologia, refere-se aos sinais não verbais que uma pessoa emite, consciente ou inconscientemente, ao demonstrar interesse romântico ou sexual por outra. Esses sinais são universais em muitos aspectos, pois estão enraizados na comunicação primitiva humana, mas também podem variar conforme a cultura e as experiências individuais.

Principais sinais de linguagem corporal da atração

1. Contato visual intenso:

- Olhares frequentes e prolongados indicam interesse e tentativas de conexão.
- As pupilas podem se dilatar quando há atração.

2. Sorriso genuíno:

- Um sorriso espontâneo (envolvendo os músculos ao redor dos olhos) demonstra conforto e interesse.

3. Proximidade física:

- Aproximar-se do outro, invadindo levemente o espaço pessoal de maneira respeitosa, é um forte sinal de atração.

4. Postura aberta e voltada para o outro:

- O corpo se orienta diretamente em direção à pessoa de interesse, com braços descruzados, indicando receptividade.

5. Toques suaves:

- Gestos sutis, como tocar o braço ou a mão do outro, podem ser uma tentativa de criar intimidade.

6. Imitação ou espelhamento:

- Copiar involuntariamente os gestos, o tom de voz ou a postura da pessoa indica sintonia e conexão emocional.

7. Atenção aos detalhes:

- Ajustar roupas ou cabelos, manter a postura ereta ou mostrar-se mais atento e presente são formas de causar uma boa impressão.

A Psicologia por trás da linguagem corporal da atração

Esses comportamentos são muitas vezes automáticos e originados de instintos evolutivos. Eles servem como forma de demonstrar disponibilidade, saúde, interesse e confiança para potenciais parceiros. Além disso, a leitura correta desses sinais pode criar um senso de reciprocidade, fortalecendo a conexão emocional.

- **Exemplo na prática**

Em um ambiente social, uma pessoa que se inclina ligeiramente para frente enquanto conversa, faz contato visual constante e sorri frequentemente está demonstrando atração. Se o comportamento é correspondido, pode-se criar um ciclo de interação que reforça a conexão mútua.

Em resumo, a linguagem corporal da atração é um elemento poderoso e muitas vezes subconsciente da comunicação interpessoal, capaz de criar laços antes mesmo que palavras sejam trocadas.

CAPÍTULO 6

CONEXÃO FAMILIAR

A conexão entre casais e seu impacto nos filhos

A conexão afetiva entre um casal desempenha um papel vital não apenas na satisfação do relacionamento, mas também na dinâmica familiar como um todo. Um casal que mantém uma conexão emocional forte, saudável e sustentável, cria um ambiente de estabilidade, respeito e afeto, o que serve de **modelo** para os filhos sobre como os relacionamentos devem ser baseados em amor e compreensão.

Importância para o casal

- Uma conexão emocional saudável entre os parceiros fortalece a intimidade, melhora a comunicação e ajuda a superar desafios juntos.

- Demonstrar carinho e apoio é essencial para manter um vínculo duradouro e significativo.

Impacto na criação dos filhos

- **Segurança emocional:** filhos que crescem em lares onde os pais mantêm uma conexão forte tendem a se sentir mais seguros e confiantes.

- **Modelo de relação:** eles aprendem, ao observar os pais, como construir relacionamentos saudáveis baseados em respeito e empatia.

- **Regulação emocional:** um ambiente onde há harmonia entre o casal oferece suporte emocional para que os filhos desenvolvam habilidades saudáveis de expressão e controle de sentimentos.

Exemplo: um casal que resolve conflitos de maneira respeitosa demonstra aos filhos a importância da comunicação e da cooperação. Isso contrasta com um ambiente de constantes brigas, que pode gerar ansiedade e insegurança nas crianças.

O papel da conexão familiar em momentos difíceis

Quando o casal enfrenta desafios, como problemas financeiros ou outras crises, a conexão emocional pode ser o alicerce que os ajuda a enfrentar essas dificuldades. Esse suporte também cria um ambiente de resiliência para os filhos, mostrando que problemas podem ser resolvidos por meio de união e colaboração.

Enfim...

A conexão interpessoal afetiva é o alicerce dos relacionamentos humanos. É por meio dessa ligação que construímos significados, encontramos apoio e experimentamos o que há de mais profundo em nossa existência: o afeto e a compreensão. Ao priorizar essa conexão, nutrimos nossas relações e também contribuímos para uma sociedade mais humana, empática e conectada.

SÍNTESE: dicas práticas e diretas para uma conexão saudável

REAFIXANDO

10 Dicas práticas para manter boas relações interpessoais baseadas em conexão profunda, saudável e familiar

1. Pratique a escuta ativa

- **Descrição:** ouça atentamente o que o outro tem a dizer sem interromper ou julgar, demonstrando genuíno interesse pelo que está sendo compartilhado.

- **Converse** com os filhos a respeito de decisões ou escolhas – *Escute as crianças.*

- **Exemplo:** em uma conversa com um filho, faça perguntas abertas como: *"Como você se sentiu nessa situação?"*, *"O que você acha disso, filho?"* e mantenha contato visual.

2. Demonstre gratidão regularmente

- **Descrição:** reconheça e valorize os esforços, os gestos e a presença das pessoas em sua vida. Pequenas palavras de apreciação fortalecem os laços.

- **Exemplo:** diga ao seu parceiro algo como: *"Obrigado por me ajudar hoje. Você tornou meu dia muito mais fácil."*, *"Filho, obrigado por me ajudar... Você é muito importante em nossa vida."*.

3. Respeite os limites e espaço do outro

- **Descrição:** entenda que cada pessoa tem suas próprias necessidades de tempo e espaço. Respeitar isso demonstra consideração e maturidade emocional.

- **Exemplo:** se um membro da família estiver visivelmente cansado, ofereça ajuda em vez de exigir atenção imediata.

4. **Invista em qualidade, não quantidade**

    - **Descrição:** valorize o tempo passado juntos focando momentos significativos e genuínos, mesmo que breves.

    - **Exemplo:** planeje um jantar tranquilo em família, no qual todos possam compartilhar seus pensamentos sem distrações, como celulares.

5. **Resolva conflitos de maneira construtiva**

    - **Descrição:** encare os desentendimentos como uma oportunidade para entender melhor o outro, evitando acusações e priorizando soluções.

    - **Exemplo:** em uma discussão com um amigo, diga algo como: *"Eu entendo seu ponto, mas podemos encontrar uma maneira que funcione para ambos?"*, *"Filho, o que podemos fazer para resolver isso. Me dê a sua ajuda?"*.

6. **Ofereça apoio emocional**

    - **Descrição:** esteja presente nos momentos difíceis, oferecendo palavras de conforto e ajudando a carregar o peso emocional do outro.

    - **Exemplo:** se um colega estiver passando por um momento difícil, diga: *"Estou aqui se precisar conversar ou de qualquer outra coisa."*, *"Filho, estarei sempre ao seu lado. Conte comigo"*.

7. **Cultive a empatia**

    - **Descrição:** coloque-se no lugar do outro para compreender suas emoções e perspectivas, mesmo que sejam diferentes das suas.

- **Exemplo:** quando seu parceiro estiver frustrado, diga: *"Entendo que isso deve ser muito difícil para você. Como posso ajudar?"*.

8. Compartilhe momentos de leveza e humor

- **Descrição:** rir juntos fortalece os vínculos, cria memórias positivas e alivia tensões no relacionamento.
- **Exemplo:** relembre uma história engraçada ou proponha assistir a um filme de comédia em um dia estressante.

9. Seja consistente e confiável

- **Descrição:** mostre que você é uma pessoa em quem os outros podem confiar, mantendo suas palavras e estando presente quando necessário.
- **Exemplo:** se prometer ajudar um amigo com uma tarefa, certifique-se de cumpri-la no prazo combinado.

10. Celebre conquistas e momentos especiais

- **Descrição:** demonstre entusiasmo pelas vitórias dos outros, por menores que sejam, reforçando que você se importa com suas realizações.
- **Exemplo:** envie uma mensagem para um colega que recebeu uma promoção: *"Parabéns! Você merece muito esse reconhecimento pelo seu trabalho."*

Essas dicas práticas, aplicadas com consistência, ajudam a cultivar relacionamentos interpessoais significativos e saudáveis, fortalecendo os laços em diversos contextos da vida.

O poder transformador de uma família unida

Uma família unida por valores positivos, afeto, respeito e amor é uma força poderosa para superar os desafios da vida moderna. Em um mundo marcado por pressões externas, incertezas e ritmo acelerado, a família se torna um refúgio de segurança emocional e apoio mútuo.

Ao cultivar valores como empatia, honestidade e solidariedade, a família fortalece os laços entre seus membros, promovendo confiança e resiliência. O afeto e o respeito criam um ambiente onde cada indivíduo é valorizado, incentivado a crescer e a enfrentar dificuldades com coragem.

O amor, como base dessas relações, tem o poder transformador de curar feridas, renovar esperanças e inspirar ações que beneficiam tanto o núcleo familiar quanto a sociedade. Uma família assim não apenas supera desafios, mas também se torna exemplo de harmonia e força para o mundo ao seu redor.

CAPÍTULO 7

O PODER DA EMPATIA

Sempre ao seu lado...

Uma breve ressíntese

A empatia e sua importância na Psicologia moderna

A empatia, definida como a capacidade de compreender e compartilhar os sentimentos do outro, é considerada uma das habilidades mais importantes para o desenvolvimento humano. No contexto evolutivo, a empatia foi fundamental para garantir a sobrevivência de nossa espécie. Ao nos colocarmos no lugar do outro, criamos laços de colaboração e ajuda mútua que foram essenciais em situações de caça, proteção de territórios e cuidado com os mais vulneráveis.

Aspectos biológicos da empatia

Do ponto de vista biológico, a empatia está relacionada às chamadas "neuronas-espelho" (ou "neurônios espelho"), que se ativam quando observamos as ações ou sentimentos de outra pessoa. Esses mecanismos neuronais criam uma experiência compartilhada que nos permite "sentir" o que o outro sente. Esse processo é a base para interações sociais saudáveis.

Empatia na construção de relações

Na vida moderna, a empatia é um pilar essencial para relações bem-sucedidas em diversos contextos:

- **Entre casais:** a empatia permite que os parceiros entendam as necessidades emocionais um do outro, fortalecendo a intimidade e criando um espaço seguro para vulnerabilidades.

  - *Exemplo:* um parceiro que percebe o estresse do outro e oferece apoio emocional demonstra um profundo senso de empatia.

- **Entre amigos:** a empatia promove conexões baseadas em compreensão e apoio, criando amizades mais significativas.

- **No contexto familiar:** pais empáticos conseguem compreender as emoções e os desafios de seus filhos, ajudando no desenvolvimento de uma regulação emocional saudável e construindo um ambiente de amor e respeito.

Impacto no desenvolvimento psicológico dos filhos

Filhos que crescem em um ambiente onde a empatia é praticada tendem a desenvolver:

- **Habilidades sociais mais fortes:** aprendem a se conectar com os outros de maneira respeitosa e compreensiva.

- **Maior autoestima:** sentem-se valorizados e compreendidos.

- **Resiliência emocional:** sabem lidar com os desafios da vida, pois tiveram um modelo de compreensão e suporte emocional.

Empatia e educação

No âmbito educacional, a empatia é essencial para criar laços entre professores e alunos, promovendo um ambiente de aprendizado positivo e inclusivo. Professores empáticos ajudam os alunos a se sentirem compreendidos, o que aumenta a motivação e o desempenho acadêmico.

Repense

A empatia é um dos alicerces mais importantes para a construção de laços interpessoais saudáveis e duradouros. Sua influência vai além dos relacionamentos individuais, impactando positivamente a sociedade como um todo. Seja na família, entre amigos ou no ambiente educacional, a prática da empatia fortalece os vínculos e contribui para o bem-estar coletivo e o desenvolvimento emocional de cada indivíduo.

Pontos positivos e negativos da empatia segundo a Psicologia Social e evolutiva

A empatia é frequentemente considerada uma virtude essencial para a convivência humana. No entanto, tanto na Psicologia Social quanto na evolutiva, essa capacidade possui aspectos positivos e negativos que influenciam os indivíduos e as sociedades de maneiras complexas. Entender esses impactos nos permite utilizar a empatia de maneira mais consciente e equilibrada.

Pontos positivos da empatia

1. Fortalecimento de laços sociais

- A empatia promove conexões interpessoais ao criar compreensão mútua e suporte emocional.

- *Exemplo:* em um ambiente familiar, pais empáticos conseguem se conectar com os desafios emocionais dos filhos, criando laços de confiança e segurança.

2. Facilita a cooperação e o altruísmo

- Ao compreender as necessidades do outro, indivíduos são mais propensos a ajudar, favorecendo a colaboração e a solidariedade em grupos.

- *Exemplo:* no trabalho em equipe, colaboradores empáticos tendem a oferecer ajuda, aumentando a produtividade e a harmonia no ambiente.

3. Regulação de conflitos

- A empatia ajuda a resolver disputas ao permitir que as partes envolvidas compreendam as emoções e perspectivas umas das outras.

- *Exemplo:* em uma discussão entre amigos, praticar a empatia pode evitar mal-entendidos e preservar o relacionamento.

4. Base para o crescimento pessoal e social

- Indivíduos empáticos aprendem a lidar melhor com diferentes pontos de vista e desafios emocionais, o que fortalece suas habilidades interpessoais.

- *Exemplo:* um estudante que desenvolve empatia com colegas de diferentes origens culturais melhora sua inteligência emocional e capacidade de conviver em diversidade.

5. Vantagem evolutiva

- Na evolução humana, a empatia foi essencial para garantir a sobrevivência, promovendo o cuidado com os vulneráveis e fortalecendo a coesão de grupos.

- *Exemplo:* em comunidades primitivas, a empatia levou ao cuidado com feridos ou doentes, aumentando as chances de sobrevivência coletiva.

Pontos negativos da empatia – mal aplicada

1. Excesso de carga emocional

- Sentir intensamente a dor ou o sofrimento dos outros pode levar ao esgotamento emocional e ao estresse.
- *Exemplo:* Profissionais de saúde que vivenciam altos níveis de empatia podem desenvolver burnout por lidar constantemente com o sofrimento alheio.

2. Parcialidade empática

- A empatia tende a ser mais forte em relação a pessoas próximas ou semelhantes, o que pode gerar favoritismo e preconceitos.
- *Exemplo:* um gerente que se identifica mais com um funcionário pode favorecer suas ideias em detrimento da equidade no ambiente de trabalho.

3. Vulnerabilidade à manipulação

- Indivíduos empáticos podem ser explorados por pessoas que usam as emoções alheias para atingir seus próprios objetivos.
- *Exemplo:* alguém que simula sofrimento para obter vantagens financeiras ou emocionais de um amigo empático.

4. Dificuldade em tomar decisões racionais

- Em situações que exigem imparcialidade, a empatia pode comprometer a tomada de decisões objetivas.

- *Exemplo:* um juiz que sente empatia por uma das partes pode ter dificuldade em emitir um veredito justo.

5. Empatia "curta" ou seletiva

- A empatia não se estende igualmente a todos, podendo reforçar divisões sociais ao criar laços mais fortes com alguns grupos e ignorar outros.

- *Exemplo:* uma organização que se mobiliza para ajudar uma comunidade próxima pode ignorar necessidades mais urgentes em regiões distantes.

Pense...

A empatia é uma habilidade poderosa, capaz de transformar relações e construir uma sociedade mais solidária e conectada. No entanto, seus aspectos negativos também precisam ser reconhecidos e gerenciados. Desenvolver um equilíbrio entre empatia e racionalidade é essencial para evitar sobrecarga emocional, parcialidade ou manipulações. Assim, a empatia pode ser utilizada de maneira consciente e construtiva, tanto no âmbito pessoal quanto social, contribuindo para o bem-estar coletivo e individual.

CAPÍTULO 8

EMPATIA

Mente saudável

O poder da empatia interior e o papel do autoconhecimento para uma mente em equilíbrio

A empatia, frequentemente associada à compreensão do outro, também possui uma dimensão interior fundamental: *A capacidade de reconhecer, acolher e compreender os próprios sentimentos e necessidades.* Essa "empatia interior" está intimamente ligada ao autoconhecimento, à autoanálise e à autocrítica construtiva, elementos essenciais para o equilíbrio emocional, a paz de espírito e o desenvolvimento de uma mente estável e saudável.

Empatia interior: o primeiro passo para a harmonia emocional

A empatia interior pode ser definida como a habilidade de nos tratarmos com o mesmo cuidado e compreensão que oferecemos aos outros. Isso inclui:

- **Reconhecer emoções:** perceber o que estamos sentindo sem repressão ou negação.

- **Validar experiências:** aceitar nossas reações e sentimentos como parte natural de quem somos.

- **Autocompaixão:** ser gentil consigo mesmo, especialmente em momentos de fracasso ou sofrimento.

Exemplo: diante de um erro no trabalho, em vez de nos criticarmos severamente, podemos reconhecer o impacto do erro, aprender com ele e oferecer a nós mesmos palavras de apoio: *"Foi um erro, mas posso aprender com isso e melhorar."*.

Autoconhecimento: A base para a estabilidade mental

O autoconhecimento é o processo de explorar e entender quem somos, incluindo nossos valores, motivações, forças e limitações. Essa consciência nos permite:

- **Identificar padrões:** reconhecer comportamentos repetitivos e suas causas.

- **Tomar decisões coerentes:** alinhar nossas escolhas com nossos objetivos e princípios.

- **Desenvolver resiliência:** aprender a lidar com adversidades de maneira mais equilibrada.

Exemplo: uma pessoa que sabe que tende a evitar conflitos pode trabalhar para expressar suas necessidades de maneira assertiva, promovendo relações mais saudáveis.

Autoanálise e autocrítica: *refinando a mente e as ações*

A autoanálise e a autocrítica são ferramentas poderosas para o crescimento pessoal, mas precisam ser usadas com equilíbrio. Enquanto a autoanálise envolve a reflexão sobre nossas ações e sentimentos, a autocrítica deve ser construtiva, evitando excessos que levem à autossabotagem.

- **Autoanálise saudável:** perguntar a si mesmo: *"Por que reagi dessa forma? O que posso aprender com isso?"*.

- **Autocrítica construtiva:** reconhecer erros e buscar maneiras de corrigi-los sem se punir excessivamente.

Exemplo: em vez de pensar *"Eu sou um fracasso por não conseguir isso"*, a autocrítica construtiva seria: *"Não consegui dessa vez, mas o que posso mudar para ter sucesso no futuro?"*.

Os benefícios da empatia interior e do autoconhecimento

1. **Paz de espírito:** entender e acolher a si mesmo reduz o julgamento interno, promovendo serenidade.

2. **Autonomia emocional:** ter clareza sobre suas emoções e necessidades diminui a dependência de validação externa.

3. **Relacionamentos saudáveis:** ao compreender e gerenciar melhor seus sentimentos, você também melhora sua empatia e interação com os outros.

4. **Crescimento contínuo:** a autoanálise ajuda a identificar áreas para evoluir, enquanto a autocompaixão garante que o processo seja positivo e sustentável.

O papel na Psicologia Moderna

Na Psicologia Moderna, conceitos como *mindfulness* (atenção plena) e autocompaixão destacam a importância de cultivar a empatia interior e o autoconhecimento. Eles são utilizados em diversas terapias, como a Terapia Cognitivo-Comportamental (TCC) e a Terapia de Aceitação e Compromisso (ACT), para promover saúde mental e emocional.

Exemplo prático: praticar o *mindfulness* ajuda as pessoas a observarem seus pensamentos e sentimentos sem julgamento, favorecendo uma resposta mais equilibrada e consciente.

Conclusão

A empatia interior, combinada com o autoconhecimento, a autoanálise e a autocrítica construtiva são a chave para o desenvolvimento de uma mente saudável e resiliente. Quando nós tratamos com compreensão e buscamos entender nossas emoções e comportamentos, criamos uma base sólida para enfrentar os desafios da vida com tranquilidade e confiança. Essa abordagem não apenas promove a paz de espírito, mas também fortalece nossos laços interpessoais e nossa capacidade de construir uma existência mais plena e significativa.

Princípios do Mindfulness

Mindfulness, traduzido como atenção plena em português, é a prática de estar completamente presente no momento, com consciência aberta e sem julgamento. Trata-se de uma abordagem que envolve trazer a atenção para o *"aqui e agora"*, reconhecendo pensamentos, emoções e sensações corporais sem se deixar dominar por eles.

1. **Presença no momento:** estar atento ao que está acontecendo agora, em vez de se prender ao passado ou se preocupar com o futuro.

2. **Abertura e aceitação:** permitir-se observar pensamentos e sentimentos sem tentar mudá-los ou julgá-los como bons ou ruins.

3. **Intencionalidade:** cultivar a prática com propósito, dedicando momentos específicos para o exercício da atenção plena.

Benefícios do mindfulness

Diversos estudos têm mostrado que a prática regular de *mindfulness* pode trazer benefícios como:

1. **Redução do estresse**: ajuda a regular emoções e diminuir a reatividade ao estresse.

2. **Melhoria na saúde mental**: reduz sintomas de ansiedade e depressão.

3. **Aumento da concentração**: melhora o foco e a capacidade de atenção.

4. **Regulação emocional**: favorece respostas mais conscientes e menos impulsivas.

5. **Melhoria no bem-estar geral**: promove maior satisfação com a vida e resiliência emocional.

Como praticar mindfulness?

Existem várias formas de incorporar a atenção plena no dia a dia:

1. Meditação *mindfulness*:

- Sentar-se em silêncio, prestar atenção na respiração e observar pensamentos e sensações sem se prender a eles.

- Exemplo: inspirar profundamente, notar o ar entrando e saindo, e redirecionar a atenção sempre que a mente divagar.

2. Atividades diárias com atenção plena:

- Fazer tarefas rotineiras (como comer, lavar a louça ou caminhar) com total atenção ao momento presente.

- Exemplo: sentir a textura, o cheiro e o sabor dos alimentos ao comer.

3. *Body Scan* (escaneamento corporal):

- Deitar ou sentar e direcionar a atenção para diferentes partes do corpo, percebendo tensões ou sensações.

4. *Mindfulness* informal:

- Praticar atenção plena enquanto conversa, dirige ou observa a natureza, sem distrações.

CAPÍTULO 9

PERDA DE CONEXÃO

Ressíntese: Como se perde a conexão emocional entre as pessoas

A conexão emocional é o alicerce dos relacionamentos interpessoais e pode ser enfraquecida ou perdida por uma série de fatores negativos. Seja em relacionamentos familiares, de amizade ou amorosos, a falta de cuidado com aspectos emocionais, comunicativos e comportamentais frequentemente leva ao afastamento entre as pessoas. A seguir, exploramos os principais motivos que contribuem para a perda dessa conexão.

1. Falta de comunicação efetiva

Quando a comunicação se torna rara, superficial ou carregada de mal-entendidos, a conexão emocional sofre. Sem trocas sinceras e significativas, sentimentos e pensamentos deixam de ser compartilhados, criando barreiras no relacionamento.

- *Exemplo:* um casal que evita discutir problemas acaba acumulando ressentimentos, enfraquecendo o vínculo, perdendo parte de sua intimidade.

2. Falta de empatia e validação

A incapacidade de compreender e validar os sentimentos do outro gera distância. Quando uma pessoa sente que suas emoções são ignoradas ou minimizadas, a conexão se torna cada vez mais superficial.

- *Exemplo:* um amigo que constantemente desconsidera os problemas do outro pode gerar sentimentos de abandono emocional.

3. Rotina e falta de novidade

A repetição excessiva de rotinas e a falta de esforço para criar novos momentos significativos fazem com que os relacionamentos se tornem automáticos e sem profundidade.

- *Exemplo:* famílias que passam tempo juntas, mas sem interagir ou criar experiências de qualidade, podem perder a proximidade e assim fragilizar sua conexão.

4. Conflitos mal resolvidos

Desentendimentos frequentes ou mal resolvidos geram ressentimentos que, ao longo do tempo, desgastam o vínculo emocional.

- *Exemplo:* um irmão que se sente injustiçado em uma discussão pode começar a evitar o outro para não ter conflitos futuros.

5. Negligência emocional

Quando uma ou ambas as partes deixam de investir no relacionamento, seja por falta de tempo, interesse ou energia, o vínculo tende a enfraquecer.

- *Exemplo:* um pai que não dedica tempo às necessidades emocionais do filho pode causar um distanciamento duradouro.

6. Mudanças de prioridades ou valores

Com o passar do tempo, as pessoas podem mudar seus valores ou prioridades, o que pode gerar afastamento, caso essas mudanças não sejam compatíveis com o relacionamento. Estar em sintonia com o parceiro, sendo flexível, empático e dispor de uma boa comunicação é fundamental para a manutenção do vínculo.

- *Exemplo:* um amigo que adota novos interesses e abandona antigos grupos pode se distanciar emocionalmente desses laços anteriores.

7. Presença de críticas constantes

Críticas frequentes ou um ambiente de julgamento constante criam uma barreira emocional, dificultando a aproximação genuína.

- *Exemplo:* em um relacionamento amoroso, uma pessoa que critica o outro constantemente pode criar um clima de insegurança e distância.

8. Dependência excessiva de tecnologia

Embora a tecnologia facilite a comunicação, o uso excessivo de dispositivos pode criar desconexão no mundo real, afastando as pessoas.

Ou seja... o uso excessivo do celular pode enfraquecer relacionamentos ao diminuir a qualidade da interação humana. Ele desvia a atenção de momentos importantes, promove a desconexão emocional e pode gerar sentimentos de negligência ou rejeição em parceiros, familiares e amigos. Além disso, o foco excessivo em redes sociais ou notificações pode substituir conversas significativas, dificultando a construção de intimidade e confiança. Cultivar limites saudáveis no uso do celular é essencial para manter conexões reais e profundas.

- *Exemplo 1:* famílias que passam tempo juntas, mas estão focadas em celulares, podem deixar de interagir e fortalecer o laço emocional.

- *Exemplo 2:* casais dentro da mesma casa, em cômodos diferentes, se comunicam por mensagens de celular em vez de se falarem pessoalmente, e ainda bloqueiam a tela com senhas. *Quem protege demais, tem medo de alguma coisa...*concorda? E fica a vanguarda daquele velho ditado.: *"Quem não deve, não teme"* ... Seja transparente e leal. As virtudes da lealdade e da fidelidade junto aos valores de família são mais recompensadores do que os desejos e realizações efêmeras das *"paixões"*.

Portanto...

A perda da conexão emocional ocorre gradualmente, muitas vezes por negligência em aspectos essenciais dos relacionamentos. Para evitar o afastamento, é crucial cultivar empatia, comunicação sincera e experiências significativas. O esforço conjunto para nutrir os laços emocionais é fundamental para preservar relações saudáveis e duradouras.

Dicas simples para evitar perder conexões emocionais importantes para você

Manter conexões emocionais saudáveis é essencial para relacionamentos pessoais, familiares e românticos. Pequenas atitudes cotidianas podem fazer uma grande diferença para preservar esses laços. Aqui estão dicas simples para evitar o afastamento emocional e fortalecer as relações:

1. Escuta ativa e paciente

- **Como fazer:** dê atenção plena quando outra pessoa estiver falando, sem interromper ou julgar.
- **Por quê:** a escuta ativa demonstra que você valoriza os sentimentos e pensamentos do outro.
- **Exemplo:** durante uma conversa, deixe o celular de lado e mantenha contato visual.

2. Valide sentimentos

- **Como fazer:** reconheça as emoções da outra pessoa, mesmo que você não concorde com elas.
- **Por quê:** validar sentimentos cria um ambiente de respeito e empatia.
- **Exemplo:** diga algo como: *"Eu entendo que isso deve estar sendo difícil para você."*.

3. Dedique tempo de qualidade

- **Como fazer:** reserve momentos regulares para estar verdadeiramente presente com as pessoas importantes em sua vida.
- **Por quê:** passar tempo juntos fortalece laços emocionais e cria memórias positivas.
- **Exemplo:** planeje um jantar em família ou uma caminhada com um amigo.

4. Resolva conflitos de maneira respeitosa

- **Como fazer:** aborde desentendimentos com calma e abertura, buscando soluções em conjunto.

- **Por quê:** resolver conflitos evita que ressentimentos se acumulem e prejudiquem a relação.

- **Exemplo:** em vez de culpar, diga: *"Como podemos resolver isso juntos?"*.

5. Seja consistente e confiável

- **Como fazer:** cumpra suas promessas e esteja presente nos momentos importantes.

- **Por quê:** confiabilidade constrói segurança e fortalece a conexão.

- **Exemplo:** se você prometeu ajudar em algo, certifique-se de cumprir no prazo.

6. Demonstre gratidão regularmente

- **Como fazer:** agradeça por pequenos gestos e demonstre apreciação pelo outro.

- **Por quê:** gratidão reforça o valor do relacionamento e promove positividade.

- **Exemplo:** diga: *"Obrigado por sempre estar ao meu lado."*.

7. Crie novas experiências juntos

- **Como fazer:** proponha atividades diferentes para fugir da rotina e renovar a conexão.
- **Por quê:** novas experiências estimulam entusiasmo e aproximam as pessoas.
- **Exemplo:** planejem uma viagem, experimente um novo hobby ou cozinhem juntos.

8. Evite o uso excessivo de tecnologia

- **Como fazer:** estabeleça limites para o uso de celulares e dispositivos eletrônicos durante momentos de interação. No século passado ninguém morria por não ter celular... Tudo era natural, e as pessoas daquela época não sofriam com tantas desconexões como hoje em dia, tampouco sofriam por ansiedade crônica.
- **Por quê:** o foco em dispositivos pode criar distância e desvalorizar o momento presente.
- **Exemplo:** desligue o celular durante refeições ou encontros importantes.

9. Mostre empatia ativamente

- **Como fazer:** coloque-se no lugar do outro e tente compreender suas perspectivas e sentimentos.
- **Por quê:** empatia fortalece a compreensão e a sintonia entre as pessoas.

- **Exemplo:** diga: *"Eu entendo por que você se sente assim, e quero ajudar."*.

10. Invista na autoconexão

- **Como fazer:** trabalhe no seu autoconhecimento e saúde emocional para estar em paz consigo mesmo.

- **Por quê:** pessoas equilibradas emocionalmente são mais capazes de manter conexões saudáveis.

- **Exemplo:** Pratique meditação, terapia ou reflita sobre suas emoções regularmente.

Manter conexões emocionais requer dedicação e pequenas ações diárias que demonstram cuidado e interesse genuíno. Ao investir tempo e esforço para fortalecer laços interpessoais, é possível criar relações mais profundas, saudáveis e duradouras.

CAPÍTULO 10

ROMPIMENTOS AFETIVOS E O ESPELHO EMOCIONAL

Quando uma das partes parece não se importar com o sofrimento da outra

Quando ocorre um rompimento afetivo, é comum que as pessoas envolvidas vivenciem a situação de maneiras diferentes. Uma das partes pode sentir uma dor intensa e um vazio emocional, enquanto a outra parece seguir em frente de maneira mais fria e indiferente. Esse contraste na vivência emocional pode gerar confusão e aumentar o sofrimento de quem está vulnerável, especialmente se o silêncio sobre os sentimentos predominar.

Esse cenário de disparidade emocional tem explicações tanto psicológicas quanto comportamentais. Em primeiro lugar, a dor do rompimento muitas vezes está relacionada à expectativa e ao apego emocional. Quem sofre mais geralmente ainda nutre esperanças em relação ao vínculo ou sente que perdeu algo essencial para sua felicidade. Por outro lado, a pessoa que aparenta não se importar pode ter processado o fim do relacionamento antes mesmo do rompimento, ter mecanismos de defesa emocional mais sólidos ou simplesmente não estar disposta a lidar com a vulnerabilidade naquele momento.

Entretanto, *a percepção de que uma das partes não sofre pode ser enganosa*. É possível que essa pessoa esteja lidando com o término de uma forma mais internalizada ou, em alguns casos, evitando demonstrar emoções para não reviver a dor. Por outro lado, também pode acontecer de essa pessoa não compreender a extensão do sofrimento da outra parte. Isso ocorre porque, muitas vezes, quem está magoado omite seus sentimentos e sofre em silêncio, seja por orgulho, vergonha ou medo de parecer vulnerável.

A falta de comunicação nesse contexto pode intensificar a dor. Quando os sentimentos não são compartilhados, a outra parte pode não perceber o impacto de suas atitudes e, sem saber, agir de modo insensível ou até causar mais sofrimento. Por isso, a empatia e a abertura emocional são essenciais nesses momentos. Para a pessoa que está sofrendo, expressar o que sente é um ato de autocuidado e, ao mesmo tempo, uma oportunidade de conscientizar o outro sobre a sua vulnerabilidade. Falar sobre a dor não apenas alivia o peso emocional como também permite que a outra parte compreenda a necessidade de agir com cautela e respeito.

Por outro lado, para quem aparenta não estar sofrendo, é importante praticar a empatia. Isso significa ouvir sem julgamento, reconhecer a legitimidade dos sentimentos do outro e evitar minimizar ou ignorar sua dor. Pequenos gestos de respeito e consideração podem fazer uma grande diferença no processo de cura.

Sugestões para lidar com a situação

1. **Exponha seus sentimentos:** não guarde o sofrimento apenas para si. Compartilhar sua dor pode trazer alívio e criar um espaço para que o outro compreenda o impacto do rompimento.

2. **Peça empatia:** se a outra parte parece insensível, peça que ela ouça o que você tem a dizer. Muitas vezes as pessoas não percebem o efeito de suas ações até que alguém as explique.

3. **Pratique a autorreflexão:** para ambas as partes, refletir sobre os próprios sentimentos e atitudes pode ajudar a entender melhor a situação e evitar comportamentos que possam agravar o sofrimento.

4. **Procure apoio emocional:** seja por meio de amigos, familiares ou terapia, compartilhar seus sentimentos com pessoas de confiança pode ajudar a aliviar a carga emocional.

5. **Seja gentil, mesmo na dor:** evite transformar o sofrimento em ressentimento ou desejo de vingança. A gentileza consigo mesmo e com o outro pode facilitar o processo de superação.

No fim, o rompimento afetivo é um momento de aprendizado e transformação. Comunicar sentimentos, praticar empatia e agir com respeito são ferramentas fundamentais para que ambas as partes possam seguir em frente, com menos sofrimento e mais maturidade emocional.

A conexão do espelho... às emoções

O espelho é um mestre das ilusões. Ele nos devolve uma imagem aparentemente fiel, mas que, ao olharmos com atenção, revela-se uma projeção invertida. Embora pareça natural, um detalhe chama a atenção: letras e números aparecem invertidos, denunciando que aquilo que vemos não é a realidade exata, mas uma versão distorcida. Esses pequenos sinais, sutis mas evidentes, nos alertam de que há mais do que a superfície revela. Assim também são as pessoas e as emoções. Muitas vezes, o que é mostrado é apenas uma camada superficial, cuidadosamente ajustada para parecer sólida e verdadeira, mas que esconde nuances e realidades diferentes sob a aparência.

Em um rompimento afetivo, essa analogia se torna ainda mais evidente. Quando uma das partes sofre intensamente enquanto a outra parece indiferente, podemos estar diante de um "espelho emocional". A pessoa que demonstra frieza pode, na verdade, estar lidando com seus sentimentos de maneira diferente, ou talvez não tenha percebido a extensão do sofrimento do outro. Por outro lado, quem sofre em silêncio frequentemente omite seus sentimentos, construindo uma imagem de aparente normalidade. No entanto, pequenos sinais – gestos, palavras não ditas, mudanças sutis de comportamento – denunciam que algo está errado, como as letras e os números invertidos no espelho.

A verdadeira conexão entre as pessoas exige que enxerguemos além da projeção superficial. Assim como precisamos notar os detalhes no reflexo para compreender que ele não é exatamente como parece, também precisamos prestar atenção às sutilezas nos relacionamentos. O sofrimento silencioso de uma das partes pode ser facilmente ignorado ou mal interpretado se não olharmos com empatia e sensibilidade. É por isso que a comunicação é tão importante: ao expor os sentimentos e permitir que o outro os compreenda, criamos a oportunidade de ajustar essa "imagem invertida" e alinhar as percepções à realidade.

Portanto...

Assim como no espelho, onde o olhar atento nos revela a verdadeira natureza do reflexo, nos relacionamentos é preciso estar disposto a enxergar além do óbvio. Detectar os pequenos sinais, ouvir o que não é dito e oferecer espaço para o diálogo sincero são formas de superar a ilusão inicial e alcançar uma conexão mais autêntica e empática. Afinal, é na percepção dos detalhes que reside a compreensão mútua e a cura das rupturas emocionais.

Experiência própria... desse espelho da vida...

Minha experiência pessoal em um rompimento afetivo se entrelaça com as analogias e reflexões que compartilhei anteriormente. Assim como no espelho, em que pequenos sinais, como letras e números invertidos, revelam que algo não está exatamente como parece, meu casamento também começou a mostrar sinais sutis de que havia algo errado. Gestos que antes eram naturais passaram a ser mecânicos, palavras ficaram mais raras, discussões por coisas pequenas e causas inexpressivas e irracionais, constantes. Momentos íntimos viraram silêncios profundos e afastamento automático, *aparentemente sem explicação ou aviso*. Sombras e quietude ganharam espaço onde antes havia risos e conversas. No entanto, eu não quis enxergar – *um comodismo estranho* –, uma falsa sensação de garantia de estabilidade relacional por achar que *"essas coisas eram normais em um casamento"* – mero engano –, *uma imagem falsa se construiu*.

Protelei diálogos importantes, ignorei momentos de desconexão emocional e subestimei o impacto de pequenos desgastes diários. Aparentemente, tudo seguia normal, mas, por trás daquela projeção, havia uma distância crescente entre nós. Cada sinal ignorado foi como uma pedra no caminho que, acumulada, transformou-se em uma barreira difícil de ultrapassar. Quando percebi, a relação já estava desgastada a ponto de o término ser inevitável.

Hoje, olhando para trás, entendo que meu silêncio e a falta de atenção aos detalhes (*falta de conhecimento relacional*) contribuíram para essa ruptura. Se eu tivesse olhado com mais cuidado para o *"espelho"* da nossa relação, talvez tivesse identificado a inversão da realidade e agido antes que ela se consolidasse. Talvez, ao expor os sentimentos que omiti e ao ouvir o que ela não disse, pudéssemos ter encontrado um caminho de reconexão antes da ruptura final.

Essa experiência reforçou em mim a importância de perceber os pequenos sinais, praticar a empatia e abrir espaço para o diálogo sincero, não apenas nos relacionamentos com os outros, mas também comigo mesmo. Aprendi que tal como o cérebro pode recriar conexões neurais, nós também temos a capacidade de reconstruir laços emocionais – *mas para isso precisamos enxergar além da superfície, agir no momento certo e nunca subestimar os detalhes*.

O poder da natureza universal

O restabelecimento de conexões perdidas: da Biologia à Psicologia

As conexões neurais no cérebro são como uma intrincada rede de estradas, cuidadosamente desenhada para garantir que informações, emoções e pensamentos fluam de maneira eficiente. Quando uma dessas conexões se perde – *seja por trauma, doença ou simplesmente pelo passar do tempo* –, o cérebro, em sua notável plasticidade, não aceita a perda como definitiva. Ele busca reconstruir essas pontes, criando novos caminhos ou fortalecendo rotas alternativas para garantir que a comunicação seja restabelecida. Essa capacidade de adaptação é uma das mais extraordinárias características do cérebro humano.

Da mesma forma, nossas conexões emocionais interpessoais funcionam como um sistema complexo de laços invisíveis que nos unem aos outros. Essas conexões, como as neurais, podem ser rompidas por diversas razões: *desentendimentos, distanciamento ou perdas inesperadas*. Inicialmente, a ruptura pode ser sentida como uma ausência insubstituível, um vazio doloroso. No entanto, assim como o cérebro encontra maneiras de recriar ou substituir conexões neurais, nossas emoções e mentes também podem encontrar meios de superar e reconstruir esses laços.

Quando uma conexão emocional é perdida, há duas possibilidades: *reconstituir o vínculo existente ou criar novas formas de conexão*, seja com a mesma pessoa, em um formato diferente, ou com novas relações. Assim como o cérebro precisa de estímulos, repetição e um ambiente adequado para formar novas conexões neurais, nós também precisamos de esforços conscientes e de condições emocionais propícias para reconstruir laços afetivos.

Para restabelecer conexões perdidas, algumas estratégias podem ser úteis:

1. **Pratique a empatia e o perdão:** muitas conexões emocionais se rompem por falta de compreensão ou mágoas acumuladas. Trabalhar para entender a perspectiva do outro e praticar o perdão pode abrir espaço para a reconexão.

2. **Invista no diálogo honesto:** assim como os neurônios precisam se comunicar para formar conexões, as relações humanas necessitam de um diálogo aberto e sincero. Expressar sentimentos e ouvir ativamente são pilares fundamentais.

3. **Demonstre consistência e paciência:** reconstruir laços – seja no cérebro ou na vida – é um processo gradual. Pequenos gestos consistentes podem reestabelecer a confiança e fortalecer os vínculos.

4. **Crie novos contextos:** quando uma rota antiga se perde, é possível encontrar novos caminhos. Explore novos interesses ou atividades compartilhadas que possam criar um ambiente propício para reaproximação.

5. **Cuide de si mesmo:** a Neurociência nos mostra que um cérebro saudável se reconecta mais facilmente. O mesmo vale para as emoções: cuidar da sua saúde física e mental cria um espaço interno mais forte e receptivo para conexões emocionais.

6. **Busque apoio profissional:** Assim como terapias podem ajudar no estímulo de novas conexões neurais, a ajuda de psicólogos ou terapeutas pode ser crucial para entender e trabalhar as dinâmicas emocionais.

Tanto o cérebro quanto o coração nos mostram que somos projetados para a reconstrução. Perdas e rupturas são dolorosas, mas não precisam ser permanentes. Com paciência, esforço e as condições certas podemos restabelecer conexões perdidas e também descobrir novas formas de nos relacionarmos com os outros e com nós mesmos, mais fortes e resilientes do que antes.

CAPÍTULO 11

CUIDADOS COM FILHOS DIANTE DE UMA SEPARAÇÃO

Uma perda parcial de conexão emocional

Como cuidar emocionalmente dos filhos durante a separação de casais

  A separação de um casal é um momento desafiador para todos os envolvidos, especialmente para os filhos. Para minimizar os impactos emocionais e preservar a saúde psicológica das crianças, é essencial adotar práticas conscientes e saudáveis que promovam segurança, estabilidade e amor. A seguir, apresento dicas explicativas para ajudar pais a cuidarem emocionalmente de seus filhos durante esse período delicado. No próximo livro (*Reconexão*) veremos as minhas experiências práticas que me ajudaram a resgatar a felicidade e a estabilidade emocional dos meus filhos diante os conflitos que surgiram durante o processo da minha separação *(entre os meus filhos e o novo relacionamento da minha ex-esposa).*

1. Reforce o amor incondicional

- **Descrição:** assegure aos filhos que, independentemente da separação, o amor dos pais por eles permanece inalterado.

- **Exemplo:** diga frequentemente: *"Nós dois amamos você e isso nunca vai mudar"*.

- **Por que é importante:** crianças podem sentir que são culpadas pela separação. Reafirmar o amor incondicional reduz esses sentimentos de culpa e insegurança.

2. Promova um ambiente estável

- **Descrição:** crie uma rotina previsível que ajude os filhos a sentirem segurança e normalidade.

- **Exemplo:** mantenha horários consistentes para refeições, estudos e momentos de lazer, mesmo em casas separadas.

- **Por que é importante:** a rotina ajuda as crianças a lidarem com as mudanças e fornece um senso de estabilidade em meio ao caos.

3. Evite conflitos na frente dos filhos

- **Descrição:** nunca discuta ou troque acusações com o ex-parceiro na presença das crianças.

- **Exemplo:** se um conflito surgir, reserve a conversa para um momento em que os filhos não estejam por perto.

- **Por que é importante:** crianças expostas a conflitos parentais frequentes podem desenvolver ansiedade, insegurança e dificuldades emocionais a longo prazo.

4. Comunique-se de maneira clara e apropriada

- **Descrição:** explique a separação de maneira simples e honesta, adequada à idade da criança, sem entrar em detalhes que possam sobrecarregá-la emocionalmente.

- **Exemplo:** *"Mamãe e papai decidiram viver em casas diferentes, mas continuaremos cuidando de você juntos."*.

- **Por que é importante:** uma comunicação clara ajuda a reduzir confusões e mitos que as crianças possam criar sobre a separação.

- **Nunca use os filhos como mensageiros ou mediadores**

- Experiência prática do autor...

- **Descrição:** evite pedir aos filhos que levem recados ou tomem partido em conflitos entre os pais.

- **Exemplo:** converse diretamente com o ex-parceiro para resolver qualquer questão, sem envolver as crianças. *De maneira firme e direta, pontual, empática e afetiva, respeitosa e amiga – Esse é o segredo da boa convivência.*

- **Por que é importante:** esse tipo de comportamento coloca uma carga emocional desnecessária sobre os filhos e pode prejudicar sua saúde psicológica.

6. Incentive a relação com ambos os pais

- **Descrição:** apoie a continuidade do vínculo entre os filhos e ambos os pais, desde que isso seja seguro e saudável.

- **Exemplo:** promova visitas regulares e encoraje os filhos a falarem sobre suas experiências com o outro pai.

- **Por que é importante:** manter uma relação positiva com ambos os pais ajuda as crianças a se sentirem amadas e apoiadas.

7. Valide os sentimentos dos filhos

- **Descrição:** escute atentamente os medos, as tristezas ou a raiva que os filhos possam expressar e mostre empatia por seus sentimentos.

- **Exemplo:** *"Eu sei que você está triste porque as coisas mudaram, e isso é normal. Estou aqui para te ajudar."*,

- **Por que é importante:** Validar os sentimentos ajuda as crianças a processarem suas emoções de maneira saudável.

8. Busque apoio profissional quando necessário

- **Descrição:** considere envolver um psicólogo infantil para ajudar os filhos a lidarem com as emoções decorrentes da separação.

- **Exemplo:** leve a criança a um terapeuta que possa oferecer ferramentas para lidar com o estresse e a mudança.

- **Por que é importante:** profissionais podem ajudar as crianças a entenderem seus sentimentos de maneira mais profunda e a desenvolverem resiliência.

9. Preserve momentos de qualidade com os filhos

- **Descrição:** dedique tempo exclusivo para estar presente e criar memórias positivas com os filhos.

- **Exemplo:** planeje atividades simples, como um passeio no parque ou uma noite de filmes em casa.

- **Por que é importante:** esses momentos ajudam a reforçar os laços afetivos e a proporcionar conforto emocional.

10. Cuide da sua própria saúde emocional

- **Descrição:** certifique-se de cuidar de si mesmo para estar emocionalmente disponível para os filhos.

- **Exemplo:** pratique atividades de autocuidado, como meditação, exercícios ou terapia.

- **Por que é importante:** pais equilibrados emocionalmente têm maior capacidade de oferecer suporte consistente e amoroso aos filhos.

Ou seja...

A separação é um processo desafiador, mas pode ser conduzido de modo a minimizar os impactos emocionais sobre os filhos. Reforçar o amor, manter estabilidade, evitar conflitos e validar os sentimentos das crianças são estratégias fundamentais para garantir que elas se sintam seguras e amadas durante e após essa transição. Ao cuidar da saúde emocional dos filhos e buscar apoio quando necessário, os pais promovem um ambiente no qual as crianças podem crescer de maneira saudável, mesmo diante das mudanças. Fácil não é para ninguém (o casal), mas o esforço e sacrifício valem a pena quando enxergamos o sorriso e as condições saudáveis (psicológico) das nossas crianças.

FAÇA POR AMOR...[1]

---

[1] No texto anterior, tivemos uma abordagem sintetizada. Haverá um conteúdo maior no próximo livro: *Reconexão / O recomeço*.

CAPÍTULO 12

SEGUIR O DESTINO DE CADA UM

Reconstruir-se emocionalmente após uma separação

Lembre-se: há uma consideração importante a ser feita: é o entendimento de que numa relação há *"duas mentes envolvidas"*, e nem sempre a duas estão em consoante emocional perfeita. Ou seja, para uma das partes o relacionamento já pode estar resolvido e finalizado (*geralmente já temos até uma possível terceira pessoa envolvida*), mas para outra, ainda não (a mente ainda procura pela dopamina perdida – *a síndrome de abstinência pode ser cruel e dolorosa*). É aí que mora o perigo do sofrimento inconsciente – *nossa própria mente é nosso maior algoz*. No término de uma relação em que uma terceira pessoa entra no contexto, a parte não preparada para *separação-desconexão* pode perder seu eixo emocional em vários aspectos – *é preciso ter cuidado para tratar das relações*. Um terapeuta ou amigos íntimos e familiares inteligentes são boas opções de ajuda.

A separação, seja de um relacionamento romântico ou de qualquer laço emocional profundo, pode ser um momento desafiador e doloroso. No entanto, também representa uma oportunidade para o crescimento pessoal, *a reconstrução emocional* e a criação de novas dinâmicas sociais e afetivas. Um dos aspectos mais transformadores nesse processo é o poder do perdão, tanto de si mesmo quanto de quem nos feriu emocionalmente. O perdão permite libertar-se do peso do passado e abrir espaço para um futuro mais leve e pleno.

1. Permita-se sentir e processar a dor

- **Como fazer:** aceite seus sentimentos, sejam eles tristeza, raiva ou alívio. Não tente reprimir as emoções; em vez disso, busque entendê-las. Coloque para fora o que sente. Aprenda a **CHORAR**. *Veja um especial sobre choro no fim deste artigo.*
- **Por quê:** processar as emoções é essencial para evitar que a dor se torne um fardo permanente.
- **Exemplo:** dedique tempo para *journaling* ou fale com um amigo de confiança sobre o que está sentindo.

Journaling é a prática de escrever regularmente em um diário para registrar pensamentos, sentimentos, ideias ou eventos do dia a dia. É uma forma de autocuidado e reflexão que pode ser usada para organizar a mente, processar emoções e promover o bem-estar mental e emocional.

Benefícios do Journaling

1. **Clareza mental:** ajuda a organizar pensamentos e tomar decisões mais conscientes.
2. **Gerenciamento do estresse:** permite expressar emoções de maneira segura, aliviando tensões.
3. **Autoconhecimento:** facilita a identificação de padrões de pensamento e comportamento.
4. **Estímulo à criatividade:** serve como espaço para explorar ideias, projetos e inspirações.
5. **Melhoria na saúde mental:** pode reduzir sintomas de ansiedade e depressão.

Tipos de Journaling

1. **Diário livre:** escrever sobre qualquer coisa que vier à mente, sem regras.

2. **Diário de gratidão:** anotar diariamente coisas pelas quais você é grato.

3. **Diário de emoções:** registrar sentimentos e reflexões sobre eventos que os desencadearam.

4. **Bullet Journal:** combina organização, planejamento e reflexões, geralmente em formato visual.

5. **Diário de metas:** focado em objetivos, progresso e motivação.

Como começar

1. Escolha um caderno ou aplicativo que goste.

2. Dedique alguns minutos por dia para escrever, de preferência em um local tranquilo.

3. Escreva sem se preocupar com gramática ou perfeição; o importante é a expressão.

4. Use perguntas orientadoras, como:
   - *O que aconteceu hoje que foi significativo?*
   - *Como estou me sentindo agora?*
   - *Pelo que sou grato?*

2. Construa uma rede de apoio positiva

- **Como fazer:** reforce laços com amigos, família ou grupos de apoio que ofereçam compreensão e encorajamento.

- **Por quê:** uma rede de apoio ajuda a criar um senso de pertencimento e proporciona perspectivas diferentes sobre o momento de transição.

- **Exemplo:** participe de encontros sociais, grupos de hobbies ou comunidades on-line voltadas para crescimento emocional.

3. Estabeleça novas rotinas

- **Como fazer:** introduza atividades saudáveis e significativas no dia a dia, como exercícios, leitura ou aprendizagem de novas habilidades.

- **Por quê:** rotinas ajudam a criar estabilidade e trazem um senso de controle em tempos de mudanças. Além de ocupar a mente, forçando nosso sistema cíclico de pensamentos negativos a se quebrar.

- **Exemplo:** inscreva-se em uma aula que sempre teve vontade de fazer, como pintura ou yoga.

4. Cultive relações de amizade saudáveis

Experiência prática do autor...:

- **Como fazer:** invista em amizades que promovam respeito e apoio emocional, inclusive com o(a) ex-parceiro(a), se possível.

Eu e a mãe dos meus filhos promovíamos atividades em comum (*lazer, festas, sociais*) com as crianças. Em algum momento até os novos relacionamentos eram inclusos, gerando um clima de estabilidade emocional. Confesso que em alguns momentos não era fácil lidar com a dor do término, mas no fundo sabia que estávamos construindo algo totalmente novo. *Uma grande e sincera amizade se iniciou.* Ninguém esperava nada de ninguém além de afeto e respeito. Tudo era feito com muito carinho e atenção. Havia respeito por nós mesmos, respeito pelas pessoas envolvidas e acima de tudo respeito e dedicação pelas crianças.

- **Por quê:** uma amizade pós-término, quando construtiva, pode ajudar na transição e criar um ambiente de cooperação, especialmente se houver filhos.

- **Exemplo:** conversem abertamente sobre os limites dessa nova dinâmica, priorizando respeito mútuo.

5. Busque autoconhecimento e autocuidado

- **Como fazer:** reflita sobre suas próprias necessidades e prioridades, investindo em atividades que tragam prazer e satisfação pessoal.

- **Por quê:** o autoconhecimento fortalece a resiliência e ajuda a evitar erros repetidos em relações futuras.

- **Exemplo:** reserve tempo para meditar, praticar esportes ou participar de terapia individual.

6. Enxergue o término como uma oportunidade de crescimento

- **Como fazer:** reinterprete a separação como um ponto de partida para novas experiências e aprendizados.

- **Por quê:** mudanças dolorosas frequentemente abrem espaço para o desenvolvimento pessoal e novas conquistas.

- **Exemplo:** identifique três áreas da sua vida que você gostaria de melhorar e crie planos para avançar nelas.

7. Desenvolva a resiliência

- **Como fazer:** encare os desafios como parte do processo de fortalecimento emocional, confiando em sua capacidade de superá-los.

- **Por quê:** resiliência ajuda a enfrentar dificuldades futuras com maior confiança e equilíbrio.

- **Exemplo:** relembre momentos difíceis do passado que você superou e use essas memórias como inspiração.

8. Priorize relações saudáveis no futuro

- **Como fazer:** aprenda com os erros e acertos do relacionamento anterior para construir laços mais saudáveis e compatíveis no futuro.

- **Por quê:** relações baseadas em respeito, empatia e comunicação promovem maior estabilidade emocional.

- **Exemplo:** estabeleça limites claros e busque parceiros que compartilhem seus valores e objetivos.

9. Abrace o poder do perdão

- **Como fazer:** trabalhe ativamente para perdoar a si mesmo pelos erros cometidos e quem o feriu emocionalmente, sem carregar ressentimentos.

- **Por quê:** o perdão liberta o coração do peso do passado, permitindo seguir em frente com mais leveza e clareza emocional.

- **Exemplo:** pratique meditações guiadas focadas no perdão ou escreva uma carta (mesmo que nunca a envie) expressando o que deseja liberar.

Benefícios das amizades pós-término

Experiência prática do autor...

- **Redução de conflitos:** uma amizade construtiva com o(a) ex-parceiro(a) reduz tensões, especialmente em relação a filhos ou responsabilidades compartilhadas.

- **Apoio social:** mantém uma base de interação positiva, promovendo bem-estar emocional.

- **Modelo positivo:** para filhos, demonstrações de respeito e cooperação ensinam importantes lições sobre relações saudáveis.

NOTA: por mais que pareça estranho, algum tempo depois da separação eu e a mãe dos meus filhos nos tornamos grandes amigos... *amo ela e jurei cuidar dela, e ela de mim, como irmãos.* Somos, hoje, mais amigos do que antes do namoro – *que ironia da vida, não é mesmo?* Na atualidade ela e eu acabamos por trocar experiências (*cada qual com suas habilidades emocionais desenvolvidas*), ajudando um ao outro até mesmo em conselhos sobre nossos novos relacionamentos – *parece surreal, mas aconteceu.*

Hoje em dia somos parceiros confidentes e ativamente empenhados em trabalhar em conjunto para manter a estabilidade da criação dos nossos maravilhosos filhos. Deus está no controle e sabe de tudo.

A vida transforma tristeza em força... e aflição em coragem. Tudo se renova e sofre metamorfose. Não é fácil no início, mas posso usar o grande exemplo da minha própria mãe (*que perdeu um filho em seus braços*), ela sempre dizia.: *"Filho... enterrei a maior das dádivas de Deus, que é um filho. Quis morrer no início, mas tive que encontrar forças para continuar a estrada e criar você e seu outro irmão. Hoje sou feliz e realizada, pois sou bisavó de muitas crianças. A vida segue... é o destino de cada um. Deus entregou, por amor, o que tinha de mais valor à humanidade:* **Seu filho**... *e a humanidade o que fez...? O LEVOU. Deus sofreu e poderia ter destruído tudo, mas por poucos escolheu ensinar... fez a vida se transformar...".*

Obrigado, mãe, *pelo conselho...*

CAPÍTULO 13

CHORAR FAZ BEM

Sim, chorar faz bem! Cientificamente, o choro desempenha um papel importante no bem-estar emocional e fisiológico, oferecendo uma forma natural de aliviar o estresse, regular emoções e melhorar a saúde mental. Esse processo tem uma base psicológica e neurológica sólida, envolvendo tanto respostas emocionais quanto químicas no cérebro e no corpo.

O processo neurológico e psicológico do choro

1. Ativação do sistema nervoso

O choro geralmente começa como uma resposta a emoções intensas, como tristeza, frustração, alegria ou alívio. Essas emoções ativam o sistema límbico no cérebro, em particular:

- **Amígdala:** responsável por processar emoções e desencadear respostas emocionais.

- **Hipotálamo:** coordena a resposta ao estresse, comunicando-se com outras partes do cérebro para ativar o choro.

2. Liberação de neurotransmissores e hormônios

Durante o choro, o cérebro libera uma série de substâncias químicas que têm efeitos calmantes e terapêuticos:

- **Endorfinas:** agem como analgésicos naturais, ajudando a aliviar a dor emocional e física.

- **Ocitocina:** conhecida como o "hormônio do amor", promove a sensação de conforto e conexão, reduzindo o estresse.

- **Prolactina e leucina-encefalina:** ajudam a regular o humor e aliviar o estresse.

3. Eliminação de hormônios do estresse

O choro emocional, em particular, ajuda a liberar hormônios como o **cortisol** e a **adrenalina**, que se acumulam durante períodos de estresse. Essa liberação cria um efeito desintoxicante, diminuindo a carga emocional.

4. Ativação do sistema parassimpático

Após o choro, o sistema parassimpático é ativado, ajudando o corpo a retornar a um estado de calma. Isso reduz a frequência cardíaca, a pressão arterial e os níveis de cortisol, promovendo uma sensação de alívio.

Benefícios do choro

1. Regulação emocional

O choro é uma forma de expressar emoções intensas que poderiam se acumular de modo prejudicial. Ele ajuda a processar sentimentos, promovendo uma maior clareza emocional e equilíbrio psicológico.

2. Melhoria do humor e alívio do estresse

A liberação de endorfinas e a redução de hormônios do estresse promovem uma sensação de bem-estar após o choro, diminuindo a ansiedade e o cansaço emocional.

3. Conexão social e empatia

O choro também tem um papel social. Quando choramos na presença de outras pessoas, podemos gerar empatia e apoio emocional, fortalecendo laços e promovendo o senso de pertencimento.

4. Eliminação de toxinas

As lágrimas emocionais contêm hormônios do estresse e outras substâncias químicas que ajudam a "limpar" o sistema, oferecendo benefícios fisiológicos além dos psicológicos.

5. Resolução de conflitos internos

O ato de chorar pode ajudar a organizar pensamentos e emoções, permitindo uma melhor compreensão das situações e auxiliando na tomada de decisões.

Quando o choro pode não fazer bem?

Embora o choro tenha muitos benefícios, ele pode ser um sinal de alerta em algumas situações:

- **Choro excessivo:** pode ser um sintoma de condições como depressão, ansiedade ou esgotamento emocional.

- **Incapacidade de chorar:** pessoas que reprimem o choro podem experimentar maior acúmulo de estresse e dificuldades emocionais.

Então...

Chorar faz bem tanto para a mente quanto para o corpo. O choro é um mecanismo natural de regulação emocional e alívio do estresse, ajudando a melhorar o humor, reduzir a dor emocional e fortalecer conexões sociais. No entanto, é importante observar o contexto em que o choro ocorre, pois, sua ausência ou excesso, pode indicar a necessidade de apoio psicológico. Em última análise, o choro é uma poderosa ferramenta de equilíbrio emocional e bem-estar, evidenciando a sabedoria do corpo humano na gestão de emoções.

Para mim, como escritor, como foi bom aprender a chorar! Eu, pessoalmente, tinha restrições emocionais – bloqueios, que me impediam de explorar involuntariamente esse sentimento de descarga sentimental tão gratificante e fortalecedor. Ao aprender que chorar é bom, eu me senti menos pesado com uma sensação de poder chegar ao dia seguinte com mais força e disposição para continuar a estrada da vida, e tendo plena consciência de que poderia chorar ainda mais e mais vezes nos dias e semanas seguintes...

CAPÍTULO 14

O PERIGO DE "COZINHAR UMA PESSOA"

Todos já ouviram falar dessa expressão comumente utilizada durante o término de uma relação, ou término parcial... Veja agora algumas considerações.

A expressão *"cozinhando uma pessoa"* no contexto de um término de relacionamento pode ser entendida como um comportamento ambíguo, quando uma das partes evita cortar completamente os laços emocionais ou de convivência, mas também não está disposta a retomar o vínculo romântico. Esse tipo de comportamento pode ser descrito pela psicologia como uma forma de *ambivalência emocional* ou até mesmo *evitação do luto* associado ao término.

Precisamos entender, e até mesmo aceitar, que possa não haver culpa intencional do indivíduo *"que cozinha o outro"*, em querer magoar a outra parte... pois quem cozinha pode nem mesmo ter ideia do que está fazendo, sem saber que está magoando a outra parte... muito pelo contrário, pode até achar que ambas as partes estão em comum acordo. Talvez isso explique as explosões – *catarses* – por detrás de agressões físicas entre casais em processo de separação.

Por que isso acontece?

1. **Medo da solidão:** a pessoa que "cozinha" o ex-parceiro pode sentir dificuldade em lidar com o vazio emocional causado pela ausência, mesmo que não deseje mais o relacionamento.

2. **Necessidade de controle:** algumas pessoas podem buscar manter o vínculo por questões de controle ou segurança emocional, mantendo a outra pessoa como uma "opção" em segundo plano.

3. **Dependência emocional:** mesmo após o término pode existir uma conexão emocional ou dependência que dificulta o rompimento definitivo.

4. **Evitação de conflitos ou culpa:** a pessoa pode não querer machucar o outro de maneira direta e, por isso, adota um comportamento intermediário.

5. **Dissonância cognitiva:** a pessoa não quer retomar o relacionamento, mas também não consegue se desvincular emocionalmente, criando uma situação de *"quero, mas não quero"*.

6. **Insegurança no novo relacionamento:** após o término de uma relação, uma das partes, já envolvida emocionalmente em outro relacionamento, sente-se *"insegura"* (por razões diversas) quanto ao novo par. Isso pode gerar um intenso conflito interno e deixar a pessoa confusa em decidir se deve continuar apostando num *"futuro indefinido"* com o novo parceiro ou voltar à segurança: *"comodidade e estabilidade afetiva"* do antigo.

Exemplos de comportamento

- A pessoa envia mensagens ou mantém conversas regulares, mas sem dar sinais claros de reconciliação.
- Marca encontros casuais ou mantém proximidade física, mas sem demonstrar interesse em retomar a intimidade afetiva.
- Usa frases como: *"Sinto sua falta, mas não consigo voltar agora"* ou *"Gosto de você, mas precisamos de tempo"*.
- Continua presente em redes sociais, curtindo ou comentando postagens, mantendo-se *"visível"* na vida da outra pessoa.

Impactos no "cozinhado"

1. **Confusão emocional:** o indivíduo pode interpretar a proximidade como uma possível chance de reconciliação, gerando esperanças que podem não ser correspondidas.
2. **Dificuldade de seguir em frente:** o vínculo contínuo dificulta o processo de superação e aceitação do término.
3. **Redução da autoestima:** a pessoa pode sentir-se usada ou manipulada, afetando sua percepção de valor.

Como lidar com isso?

Para quem está "sendo cozinhado"

1. **Reconheça o comportamento:** entenda que manter esse vínculo pode ser prejudicial para sua saúde emocional.

2. **Estabeleça limites claros:** seja honesto sobre como o contato constante afeta você e, se necessário, imponha limites como reduzir ou cortar o contato.

3. **Concentre-se em si mesmo:** invista em hobbies, amizades e atividades que fortaleçam sua autoestima e autonomia emocional.

4. **Busque apoio:** converse com amigos ou procure terapia para entender melhor suas emoções e trabalhar o luto do término.

Para quem está "cozinhando"

1. **Reflita sobre suas intenções:** pergunte-se por que deseja manter esse vínculo. É por medo, culpa ou dependência emocional? Ou no fundo ainda senti algo pela antiga conexão. O amor pode estar apenas adormecido e escondido, até machucado... *Cuide dessas feridas e invista nos sentimentos profundos do seu coração. Acredite...o amor pode renascer.*

2. **Seja honesto:** é importante deixar claro para a outra pessoa suas intenções, para evitar gerar falsas esperanças.

3. **Evite comportamentos ambíguos:** se não deseja retomar o relacionamento, reduza comportamentos que possam ser mal interpretados.

4. **Trabalhe sua independência emocional:** busque apoio psicológico para lidar com a transição do término e aprender a respeitar o espaço do outro.

Como autor, descobri que minha maior fragilidade pessoal era ser *"dependente emocional (aquela pessoa carente)"*. Para a mudança, o primeiro passo foi identificar esse comportamento em mim; depois busquei ajuda para trabalhar essa emoção instável de minha personalidade – *terapia*. Não foi fácil, tampouco rápido, mais com pouco mais de seis meses ganhei uma nova estrutura comportamental e isso me ajudou não apenas nos relacionamentos interpessoais, mas, acima de tudo, me garantiu novos rumos profissionais, nos quais tive grande avanço financeiro.

CAPÍTULO 15

QUANDO UMA TERCEIRA PESSOA ENTRA NO CONTEXTO

Quando a parte que está *"cozinhando"* alguém mantém esse comportamento, mesmo estando em outro relacionamento, o paradoxo se torna ainda mais complexo. Essa situação pode ser interpretada como um reflexo de conflitos emocionais não resolvidos e pode indicar dificuldades profundas em lidar com rompimentos, transições afetivas e necessidades emocionais em competição.

Por que a pessoa mantém o "cozinhamento" estando em outro relacionamento?

1. Apego ao passado:

Mesmo em um novo relacionamento, a pessoa pode sentir que não fechou completamente o ciclo com o ex-parceiro. Esse vínculo emocional não resolvido pode ser mantido por nostalgia, culpa ou dificuldade em desapegar de um período significativo da vida.

2. Necessidade de validação emocional:

A pessoa pode buscar manter o vínculo com o ex-parceiro como uma fonte adicional de validação ou apoio emocional, especialmente se o novo relacionamento ainda não é plenamente satisfatório.

3. Medo de arrependimento:

Ao manter o ex-parceiro por perto, a pessoa cria um *"porto seguro"* emocional, caso o novo relacionamento não dê certo. Isso reflete um medo de fazer escolhas definitivas e sofrer as consequências emocionais do término.

4. Culpa ou responsabilidade:

A pessoa pode sentir que deve continuar presente na vida do "ex", mesmo que de maneira ambígua, por culpa em relação ao rompimento ou à forma como ele aconteceu.

5. Confusão interna e ambivalência:

Essa situação muitas vezes reflete uma dificuldade em alinhar os próprios sentimentos. A pessoa pode ter sentimentos positivos por ambas as partes (o "ex" e o atual), mas não ser capaz de integrar essas emoções de maneira saudável.

6. Desejo de controle:

Manter o "cozinhamento" pode ser uma forma de controle emocional. A pessoa quer preservar sua influência na vida do ex-parceiro, talvez sem perceber que está causando dor ou confusão.

Como interpretar esses conflitos internos?

Esses comportamentos ambíguos podem ser sinal de problemas emocionais ou padrões de apego desorganizados. Algumas interpretações possíveis:

1. Insegurança emocional:

A pessoa pode estar insegura em relação ao novo relacionamento e, ao mesmo tempo, não completamente pronta para abrir mão do antigo, criando um ciclo de dependência emocional.

2. Falta de resolução do luto:

Mesmo entrando em outro relacionamento, a pessoa não completou o processo de luto pelo término anterior. Isso a impede de se desligar emocionalmente do ex-parceiro.

3. Dissonância cognitiva:

Existe um desalinhamento entre o que a pessoa acredita ser correto (focar o novo relacionamento) e suas ações (manter contato e proximidade com o "ex"). Isso gera ansiedade e comportamentos confusos.

4. Carência emocional:

É possível que nenhum dos dois vínculos esteja preenchendo plenamente as necessidades emocionais da pessoa. Assim, ela tenta compensar mantendo ambos os laços.

Como trabalhar esses conflitos internos e ambíguos?

Para quem está "cozinhando"

1. Autoconhecimento:

Reflita sobre suas intenções ao manter contato com o ex-parceiro. Pergunte-se:

- *Estou mantendo esse vínculo por culpa ou medo?*
- *Estou sendo honesto(a) comigo mesmo(a) e com as outras partes envolvidas?*
- *O que realmente espero desse contato?*

2. Foco no presente:

Concentre-se no novo relacionamento, caso ele seja importante. Reconheça que manter vínculos ambíguos com o "ex" pode prejudicar sua atual parceria.

3. Trabalhar o luto:

É essencial lidar com os sentimentos não resolvidos do término anterior para poder fechar esse ciclo emocionalmente.

4. Honestidade com as partes envolvidas:

Explique ao ex-parceiro e ao novo parceiro suas dificuldades e intenções, para evitar que ambos fiquem em situações de vulnerabilidade emocional.

5. Terapia individual:

Um profissional pode ajudar a explorar padrões emocionais, resolver sentimento de culpa ou apego e construir um comportamento mais claro e congruente.

Para quem está sendo "cozinhado"

1. Reconheça os limites:

Se a pessoa que está *"cozinhando"* já está em outro relacionamento, isso é um sinal claro de que ela não está comprometida com você de maneira significativa. Evite nutrir expectativas irreais.

2. Estabeleça fronteiras:

Deixe claro como esse comportamento afeta você e, se necessário, limite ou encerre o contato. Isso ajuda você a preservar sua autoestima e avançar emocionalmente.

3. Aceite a realidade:

Reconheça que a ambiguidade do outro não é sua responsabilidade, e não cabe a você resolver os conflitos internos dessa pessoa.

4. Busque apoio emocional:

Converse com amigos ou procure um terapeuta para ajudá-lo a lidar com os sentimentos de confusão ou rejeição.

Para o novo parceiro
(se ele percebe o "cozinhamento")

1. Converse abertamente:

Pergunte à pessoa por que ela mantém o contato com o "ex" e como isso impacta o relacionamento atual.

2. Estabeleça expectativas:

Explique como isso afeta você e discuta limites para proteger o relacionamento atual.

3. Observe ações, não apenas palavras:

Se a pessoa insiste em manter o vínculo com o "ex" de maneira ambígua, isso pode indicar questões mais profundas que precisam ser resolvidas.

Reflexão

Esse paradoxo reflete uma dificuldade de lidar com transições emocionais. Para quem está *"cozinhando"*, é importante entender que manter o vínculo com o "ex" enquanto está em outro relacionamento não é apenas uma forma de lidar com seus próprios medos, mas também pode causar dor e confusão nas outras partes envolvidas. O trabalho de autoconsciência e aceitação do término é fundamental para que todos possam seguir em frente de maneira saudável e respeitosa.

CAPÍTULO 16

POSSIBILIDADE DE... UMA SEGUNDA CHANCE?

O importante é dar um tempo para as emoções se reestabelecerem sem conflitos...

Para a Psicologia, é possível construir uma segunda chance para um relacionamento rompido, desde que *ambas as partes estejam comprometidas em reconstruir o vínculo de modo saudável e consciente*. Essa reconstrução depende de uma série de fatores, como o motivo do rompimento, a disposição para mudar e a capacidade de ambos entenderem e lidarem com os sentimentos ambíguos que podem surgir.

1. É possível reviver um relacionamento rompido?

Sim, mas o sucesso dessa tentativa depende de:

- **Reconhecimento mútuo do que deu errado:** é essencial que ambas as partes identifiquem os motivos do rompimento e aceitem sua responsabilidade no processo.

- **Vontade de ambos:** não é suficiente que apenas uma pessoa queira a reconciliação. Ambas precisam estar dispostas a investir emocionalmente na segunda chance.

- **Mudanças reais:** sem mudanças genuínas de comportamento e comunicação, a relação pode retornar ao ciclo que levou ao rompimento.

- **Tempo adequado:** o intervalo entre o rompimento e a tentativa de reconciliação é importante para que ambos possam processar os sentimentos e obter clareza emocional. Há casos em que a média ideal se baseia entre quatro a seis meses – *tempo necessário para a reavaliação da relação rompida – se vale a pena ou não voltar*. Mas há inúmeros casos de casais que reataram a relação depois de dois a 15 anos. Tudo depende da consciência do *"propósito comum"* – artigo mais bem tratado adiante.

2. Dicas confiáveis para reviver um relacionamento rompido

A. Entenda os sentimentos ambíguos

- **Aceite a confusão emocional:** é normal sentir amor, raiva, saudade e dúvida ao mesmo tempo. Esses sentimentos devem ser reconhecidos e validados antes de qualquer tentativa de reconciliação.

- **Reflita sobre o motivo do desejo de voltar:** pergunte-se:

  - *Quero voltar porque amo essa pessoa e acredito no potencial do relacionamento?*

  - *Ou estou apenas tentando evitar a solidão ou a dor do término?*

- **Diferencie apego de amor:** sentir saudade não significa necessariamente que o relacionamento deve ser retomado. Reflita sobre a qualidade da conexão antes do rompimento.

B. Reconstrução passo a passo

- **Inicie uma conversa sincera:**

  - Escolha um momento tranquilo para conversar sobre seus sentimentos e intenções.
  - Seja honesto sobre os erros do passado e o que você deseja mudar.
  - Evite acusações; foque o que vocês podem fazer juntos para melhorar.

- **Identifique o que deu errado:**

  - Liste, em conjunto, os principais problemas do relacionamento.
  - Explore as causas desses problemas (falta de comunicação, expectativas diferentes, ciúmes etc.).
  - Discuta como cada um pode contribuir para evitar que os mesmos erros se repitam.

- **Reconstrua a confiança:**

  - A confiança é fundamental e pode ter sido abalada no rompimento.
  - Seja transparente em suas ações e palavras.
  - Mostre, com atitudes consistentes, que você está comprometido com a mudança.

- **Estabeleçam novos padrões:**

  - Desenvolvam juntos formas de lidar com conflitos futuros, como usar uma comunicação não violenta e ouvir sem interromper.

  - Criem limites saudáveis que respeitem a individualidade de cada um.

- **Conecte-se emocionalmente novamente:**

  - Invistam em momentos de qualidade juntos para redescobrir a conexão.

  - Foquem em criar novas memórias que ajudem a redefinir o relacionamento.

- **Sejam pacientes com o processo:**

  - Reconstruir um relacionamento rompido leva tempo.

  - Respeitem o ritmo um do outro e estejam preparados para enfrentar desafios.

C. Ferramentas práticas para ajudar no processo

- **Terapia de casal:** Um terapeuta pode ajudar a facilitar a comunicação, explorar sentimentos ambíguos e criar estratégias para superar traumas e desafios.

- **Exercícios de reconexão emocional:**

  - Escrevam cartas um para o outro descrevendo os sentimentos e expectativas para o futuro.

  - Participem de atividades que promovam a união, como viagens, hobbies ou até sessões de meditação conjunta.

- **Pratique o perdão:** Perdoar não significa esquecer, mas sim liberar a mágoa e permitir um recomeço. Isso vale tanto para perdoar o outro quanto a si mesmo.

- **Definam objetivos conjuntos:** Estabeleçam metas para o relacionamento, como melhorar a comunicação, planejar algo importante juntos ou resolver pendências do passado.

3. Como lidar com sentimentos ambíguos?

- **Aceite-os como parte do processo:**

  - É natural que sentimentos mistos (amor, mágoa, medo) surjam durante a tentativa de reconciliação.

  - Reconhecer esses sentimentos sem tentar reprimi-los ajuda a compreender a profundidade da conexão.

- **Comunicação aberta:**

  - Compartilhe com o parceiro quando se sentir confuso ou inseguro. A vulnerabilidade fortalece a intimidade.

- **Busque equilíbrio interno:**

  - Pratique o autoconhecimento por meio de reflexões ou atividades como escrever em um diário.

  - Pergunte-se o que realmente deseja: *voltar ao relacionamento ou seguir em frente?*

- **Evite idealizar o passado:**

  - Lembre-se de que nenhum relacionamento é perfeito. A nostalgia pode distorcer a memória de como as coisas realmente eram.

- **Estabeleça limites internos:**
  - Não volte ao relacionamento por pressão ou medo de machucar o outro. É preciso querer de maneira genuína.

Reflexão

Reviver um relacionamento rompido é um processo delicado que exige maturidade, autoconsciência e esforço de ambas as partes. É possível transformar um vínculo destruído em algo mais forte e saudável, mas isso só acontece quando há disposição para aprender com o passado, resolver os conflitos internos e construir uma nova dinâmica.

Se o desejo de reconciliação for genuíno, lembre-se de que o essencial é trabalhar as emoções, enfrentar os medos e cultivar o respeito mútuo. O amor pode renascer, mas deve ser baseado em bases mais sólidas e renovadas.

CAPÍTULO 17

UMA REVISÃO... REFIXANDO

Lista de exemplos e fontes de problemas relacionais que podem levar ao término ou traição – perda da mais íntima conexão:

Lista com base nas mais atuais pesquisas de relacionamentos de casais

1. Falta de demonstração de carinho e afeto físico

- Muitos casais relatam que, com o tempo, abraços, beijos ou gestos simples de carinho vão desaparecendo, levando um dos parceiros a se sentir rejeitado ou negligenciado.

Dica: inclua pequenas demonstrações de afeto no dia a dia, como um abraço inesperado, um elogio ou até um simples *"como foi seu dia?"*. Estudos mostram que a intimidade emocional cresce com gestos regulares de carinho.

2. Comunicação truncada ou superficial

- Um dos parceiros tenta abordar assuntos importantes, mas é ignorado ou tratado com respostas vagas e desinteressadas. Isso pode criar uma barreira emocional e afastamento.

Dica: pratique a escuta ativa. Reserve tempo para conversas significativas, sem distrações. Demonstre interesse genuíno no que o outro tem a dizer.

3. Foco excessivo no trabalho ou em hobbies

- Um dos parceiros prioriza o trabalho, estudos ou hobbies a ponto de negligenciar a relação. Isso gera sensação de abandono.

Dica: defina limites claros para o trabalho e hobbies. Planeje momentos dedicados exclusivamente ao relacionamento, como um "dia do casal".

4. Comparações constantes com outras pessoas ou casais

- Frases como *"Por que você não faz como o(a) parceiro(a) de fulano(a)?"* minam a autoestima e geram ressentimento.

Dica: evite comparações. Valorize as qualidades do parceiro e expresse gratidão por elas.

5. Desigualdade na divisão de tarefas domésticas e cuidado com os filhos

- Um parceiro sente que carrega o peso da casa sozinho enquanto o outro não colabora o suficiente. Isso é uma fonte comum de conflito.

Dica: divida as responsabilidades de maneira justa, ajustando sempre que necessário. Crie um cronograma de tarefas que ambos concordem.

6. Falta de reconhecimento ou valorização

- Quando um parceiro não sente que suas contribuições ou esforços são reconhecidos, ele pode começar a desmotivar ou buscar validação externa.

Dica: expresse regularmente apreço pelas coisas que o parceiro faz. Isso fortalece a conexão emocional.

7. Vida sexual monótona ou insatisfatória

- Quando o casal para de explorar sua intimidade, a relação sexual pode se tornar apenas uma obrigação ou inexistente.

Dica: fale abertamente sobre desejos e expectativas. Experimente novas formas de conexão física, como tentar algo novo ou investir em momentos de romance.

8. Críticas constantes ou desvalorização

- Comentários sarcásticos ou críticas frequentes minam a autoestima e criam um ambiente tóxico.

Dica: substitua críticas por sugestões construtivas e elogie mais do que critica.

9. Uso excessivo de tecnologia ou redes sociais

- Muitos casais relatam que um parceiro está sempre no celular, negligenciando a conexão presencial.

Dica: estabeleça horários livres de tecnologia, como durante jantares ou antes de dormir, para fomentar a presença real.

10. Falta de momentos divertidos e leves juntos

- A rotina pode drenar a diversão e leveza do relacionamento. Sem momentos descontraídos, a relação parece mais uma obrigação do que um prazer.

Dica: planeje atividades lúdicas e momentos de lazer juntos, como jogos, passeios ou viagens espontâneas.

Lista com base no relato real da minha experiência de negligência afetiva, que me levou a escrever este livro

1. Sempre achei que ela tinha pés bonitos, e ela sempre me pediu massagem... e eu ignorava ou fingia estar cansado... pura preguiça (*pois eu a amava*), descaso meu... falta de atenção minha...

2. Ela sempre me pediu massagem nas costas, e eu sempre com desculpas... adiei... ou fazia a massagem de maneira rápida e com pouco carinho, e com escassa atenção...

NÃO SE ESQUEÇA: O AMANTE ou o próximo relacionamento sempre irão focar naquilo que "nós" deixamos de fazer.
No nosso pior... "eles" ou "elas" farão o melhor! – isso cativa, apaixona.

1. Ela, por algumas vezes, desejou uma noite num motel com hidromassagem... e eu sempre dava desculpas de que em casa era melhor e mais barato... Até o amante lhe oferecer o mesmo – **seja por curiosidade, por rancor... por vingança...** quando nossa relação se desestabilizou, ela se interessou pelo convite do outro...

2. Ao finalizarmos uma tarefa, *até mesmo rotineira*, como fazer compras, ela me convidava para ir ao motel, mas eu estava preocupado com as crianças em casa, que ficavam às vezes

sob a guarda de parentes (dedicar algumas horas para um escape não faz mal a ninguém – *o inesperado encanta*).

3. Às vezes ela estava cansada – estressada com casa e filhos, com raiva – ela só queria falar meia hora sem ser interrompida..., mas eu dava um jeito de sair de fininho para não a ouvir – *parecia chato vê-la nervosa*... O amigo próximo ofereceu justamente isso: o ombro atencioso e ouvinte – *todo fim pode começar assim...!*

4. Por muitas vezes ela estava estressada e desejava apenas comer um doce ou uma pizza... Eu estava no mercado e deixava de levar que fosse um bombom... *pura preguiça*.

5. Eu me atrasei do social com os amigos e nem lembrei de avisá-la, mas cobrei ela pelo atraso e despesa em seu salão de beleza.

6. Querendo ou não, somos seres visuais e biológicos por natureza... Temos a lei da atração, do visual, escrita nos anais da psicologia. Cuidar da própria imagem é fundamental, é um ato de amor e carinho consigo mesmo e com a pessoa amada, *pois no fundo sempre desejamos a nossa melhor versão*, e podemos. Porém a comodidade e a preguiça atrapalham nosso julgamento. Devemos cuidar da saúde, sobretudo o peso corporal e a aparência como um todo... Isso acaba nos prolongando a vida e, por tabela, normalizando a saúde das nossas emoções e dos nossos relacionamentos.

7. Eu demorava no trabalho (*sem nem mesmo ganhar por horas extras – vestia a camisa da empresa*). Pois bem, meu patrão ficou mais rico e eu sozinho... Devemos sim nos dedicar ao emprego, porém precisamos ter sabedoria para dosar as responsabilidades e as devidas proporções de trabalho. *Minha esposa estava em casa sozinha...*

8. Quantas e quantas vezes ela me chamou para sair... dançar... beber... o que fosse..., mas eu sempre estava cansado. Ficar sentado no sofá ou no celular parecia mais atrativo, além, é claro, de ver crescer aquela minha barriga... "VAMOS SAIR, AMOR"... *ela solicitava*... E eu respondia: "Vamos almoçar, tirar um cochilo e saímos"... O cochilo demorava horas e a saída nunca vinha. "VAMOS deixar para amanhã"... era a minha resposta. Santo Deus, quanto desperdício de conexão, como é doloroso só enxergar isso depois que perdemos quem amamos. Pois a perda não é somente com a separação de corpos, mas sobretudo da mente e da alma, pois há casais que vivem em um mesmo teto, porém já se separaram há tempos, sem perceber.

Bem, essa lista seria quase interminável, então vamos a uma conclusão simples: às vezes penso: será que se todos nós tivéssemos tido a oportunidade na infância ou na juventude de aprender essas simples lições de *"se relacionar positivamente"* teríamos vidas adultas mais saudáveis e prosperas? *Acho que sim!* Porém percebo que nem mesmo nossos pais sabiam disso ou também foram educados... para educar.

Os erros de conduta são repassados pela cultura familiar de maneira negativa e subjetiva... muitos conhecimentos dos pais são bons, reconheço, mas carecem de dados, base sólida, e nem toda família é ajustada mentalmente para fornecer bases saudáveis às gerações futuras. Sendo assim, jamais poderemos culpar nossos pais por nossos erros e frustações no presente, *por falta de ensinamento relacional em nossa educação social.*

Podemos e temos o dever de cuidar de nós mesmos – *se possível, buscar apoio* – ou fazer como eu fiz, buscar ajuda de maneira autodidata de início. Mas foi o sofrimento que me fez mudar. Espelhar-se em bons exemplos e observar o que está dando certo ou errado em outras relações não faz mal a ninguém. Espiar o vizinho, um amigo ou um familiar de boa saúde relacional nos faz crescer positivamente.

Como resolver os fatores negativos das listas com base em pesquisas de casais?

- **Pratique empatia:** coloque-se no lugar do parceiro para entender suas emoções e necessidades.

- **Terapia de casal:** estudos mostram que a terapia é altamente eficaz em abordar problemas de comunicação, intimidade e ressentimento.

- **Invista na linguagem do amor do outro:** descubra como o parceiro se sente mais amado – por meio de palavras, tempo de qualidade, atos de serviço, presentes ou toque físico – e atenda a essa linguagem.

- **Eduque-se sobre relacionamentos saudáveis:** ler sobre dinâmicas de casais e assistir a palestras pode ajudar ambos a crescerem juntos.

- **Implemente rituais de conexão:** um estudo do *Journal of Marriage and Family Therapy* sugere que pequenos rituais, como um café da manhã juntos ou uma ligação diária, ajudam a manter a conexão viva.

Esses passos ajudam a prevenir os desgastes relacionais e criam um espaço seguro e amoroso para que ambos prosperem juntos.

CAPÍTULO 18

VAMOS FAZER UM CHECKLIST EMOCIONAL?

Checklist emocional de casais

Este checklist é baseado em estudos avançados de Psicologia e comportamento humano e pode ajudar a medir a saúde emocional de um relacionamento. O objetivo é identificar áreas que precisam de atenção e fortalecer os laços do casal.

Como usar

- Cada parceiro deve preencher o checklist separadamente, atribuindo uma nota de 1 (discordo completamente) a 5 (concordo totalmente) para cada item.
- Compare as respostas e discuta as diferenças.

Conexão emocional

1. Sinto que meu parceiro(a) está emocionalmente presente em nossas interações.

2. Temos conversas profundas e significativas regularmente.

3. Eu me sinto ouvido(a) e compreendido(a) em nossas conversas.

4. Meu parceiro(a) demonstra empatia pelas minhas emoções e desafios.

5. Temos momentos de qualidade nos quais nos conectamos emocionalmente sem distrações.

Intimidade e carinho

6. Recebo gestos de carinho (beijos, abraços, palavras gentis) regularmente.

7. Estou satisfeito(a) com nossa vida sexual e sinto que minhas necessidades são valorizadas.

8. Sinto que meu parceiro(a) está atento às minhas preferências e desejos íntimos.

9. Demonstramos afeto físico em público ou em momentos cotidianos.

10. Nosso relacionamento é um espaço seguro para compartilhar vulnerabilidades.

Comunicação e respeito

11. Temos uma comunicação aberta e honesta.

12. Resolvemos conflitos com respeito e sem recorrer a insultos ou desvalorização.

13. Meu parceiro(a) me apoia em minhas decisões e ideias.

14. Eu me sinto valorizado(a) pelo que sou e pelo que faço no relacionamento.

15. Evitamos críticas constantes e trabalhamos juntos para superar desafios.

Equilíbrio na rotina e responsabilidades

16. Dividimos as tarefas domésticas de maneira justa e equilibrada.

17. Sinto que há um esforço mútuo para cuidar das responsabilidades familiares.

18. Nosso relacionamento não é sobrecarregado pelo trabalho ou por demandas externas.

19. Encontramos tempo para relaxar e nos divertir juntos regularmente.

20. Ambos demonstramos comprometimento em cuidar um do outro.

Crescimento e projetos futuros

21. Temos objetivos e sonhos compartilhados como casal.

22. Encorajamos um ao outro a crescer individual e profissionalmente.

23. Discutimos o futuro com entusiasmo e planejamos juntos.

24. Trabalhamos para superar desafios com união e resiliência.

25. Vejo nosso relacionamento como um espaço para evoluir como pessoa.

Interpretação dos resultados

- **Entre 90 e 125 pontos:** o relacionamento está saudável, com forte conexão emocional e equilíbrio. Continue fortalecendo os pontos positivos.

- **Entre 60 e 89 pontos:** há áreas que precisam de atenção. Identifique os itens com notas mais baixas e discuta soluções em conjunto.

- **Menos de 60 pontos:** o relacionamento pode estar enfrentando dificuldades significativas. Considere buscar orientação, como terapia de casal, para superar os desafios.

Dicas para discussão em casal

1. **Crie um ambiente seguro:** escolha um momento calmo e livre de distrações para compartilhar as respostas.

2. **Evite críticas diretas:** em vez de apontar falhas, foque o que pode ser melhorado.

3. **Pratique a escuta ativa:** demonstre interesse genuíno nas percepções do outro.

4. **Estabeleça metas conjuntas:** escolha duas ou três áreas para trabalhar juntos nas próximas semanas.

Este checklist é um recurso simples, mas eficaz para ajudar casais a refletirem sobre a relação, identificar pontos de melhoria e fortalecer os laços emocionais.

CAPÍTULO 19

PRESENTEAR

Mimos amorosos: listinha de mimos e atitudes amorosas para vitalizar a relação

Do azul para o rosa: afazeres do homem para a mulher

1. Gestos de carinho espontâneos:

- Deixe bilhetes carinhosos pela casa ou no carro.
- Mande uma mensagem inesperada dizendo o quanto ela é especial.

2. Presente simbólico:

- Compre uma flor ou o doce favorito dela sem motivo especial.
- Escolha um livro ou acessório que combine com os interesses dela.

3. Ajuda proativa:

- Ofereça-se para cuidar das crianças ou resolver alguma tarefa doméstica sem ser solicitado.

- Prepare um café da manhã especial para ela começar bem o dia.

4. Planeje um momento juntos:

- Organize um encontro surpresa, como um jantar fora ou um piquenique no parque.
- Escolha um filme ou série que ela gosta e assistam juntos, com direito a pipoca e cobertores.

5. Elogie sinceramente:

- Faça elogios específicos sobre sua aparência, esforços ou conquistas.
- Reconheça o que ela faz pela família ou pelo relacionamento.

Do rosa para o azul: afazeres da mulher para o homem

1. Demonstrações de admiração:

- Elogie suas qualidades ou habilidades, como inteligência, gentileza ou dedicação ao trabalho.
- Faça-o sentir-se valorizado pelo que ele faz pela casa ou pelo casal.

2. Mimos práticos:

- Prepare sua comida favorita ou um lanche especial para um momento de pausa.

- Organize seus itens de trabalho ou deixe algo útil pronto para ele, como sua roupa para o dia seguinte.

3. Surpresas românticas:

- Planeje um passeio que ele goste, como ir a um jogo, exposição ou trilha.
- Compre algo simbólico, como uma camiseta da banda favorita dele ou um gadget funcional.

4. Intimidade e afeto:

- Ofereça uma massagem depois de um dia cansativo.
- Demonstre carinho físico espontâneo, como abraços e beijos.

5. Tempo de qualidade juntos:

- Proponha fazer algo que ele goste, como jogar videogame juntos, assistir a um filme de ação ou sair para dirigir sem destino.
- Dedique atenção plena às conversas, mostrando que você valoriza suas opiniões e pensamentos.

Dicas extras

- **Seja consistente:** pequenos gestos frequentes têm mais impacto do que grandes surpresas raras.
- **Conecte-se aos gostos do outro:** observe o que faz seu parceiro(a) sorrir e invista nisso.

- **Crie novas memórias:** planejem algo novo juntos para sair da rotina, como uma aula de dança ou um fim de semana diferente.

Esses pequenos mimos ajudam a cultivar a intimidade e fortalecer o vínculo, mantendo a chama do relacionamento acesa.

CAPÍTULO 20

TÉCNICA DO 'CONTATO ZERO' FUNCIONA?

Mas o que é e como funciona?

A técnica do "contato zero" é uma estratégia comumente discutida em contextos de reconquista amorosa, mas também pode ser aplicada em situações de superação emocional e redefinição de relacionamentos. Ela consiste em cortar totalmente o contato com a outra pessoa por um período de tempo, com o objetivo de criar espaço para reflexão, amadurecimento emocional e reestabelecimento de equilíbrio.

Embora frequentemente associada à tentativa de reconquistar um ex-parceiro, o **contato zero** pode ser igualmente útil para o crescimento pessoal, ajudando a processar os sentimentos após um término.

O que é o "contato zero"?

A técnica envolve:

1. **Interromper toda comunicação com o ex-parceiro(a):** Isso inclui mensagens, chamadas, encontros casuais, interações em redes sociais e até mesmo evitar saber notícias indiretas sobre a pessoa.

2. **Evitar gestos indiretos:** Como postar conteúdos nas redes sociais com a intenção de chamar a atenção do outro.

3. **Focar o próprio bem-estar:** O objetivo principal não é apenas "fazer falta" ao outro, mas criar um período de pausa para redescobrir sua identidade, melhorar sua autoestima e avaliar o relacionamento de maneira racional.

Por que o "contato zero" funciona?

1. Dá espaço emocional às duas partes:

Após um término, é comum que as emoções estejam à flor da pele. Cortar o contato permite que ambos se distanciem emocionalmente e evitem interações carregadas de impulsividade, mágoa ou arrependimento.

2. Diminui a dependência emocional:

Um término pode desencadear sentimentos de rejeição e um desejo de se reconectar imediatamente, muitas vezes motivado por carência. O contato zero ajuda a romper essa dinâmica e a trabalhar na sua independência emocional.

3. Cria um senso de ausência:

Ao se distanciar, você permite que o outro perceba a falta que você faz e reflita sobre o relacionamento. O distanciamento pode ajudar o ex-parceiro(a) a valorizar os momentos que tiveram juntos.

4. Promove o autodesenvolvimento:

Sem o contato constante, você pode dedicar tempo a si mesmo, trabalhando em seus pontos fortes, recuperando hobbies, investindo em sua saúde física e emocional, e redefinindo sua perspectiva sobre o término.

Como aplicar a técnica do contato zero

1. Defina um período de tempo claro:

Normalmente, recomenda-se um período de 30 a 60 dias sem nenhum contato. Esse intervalo dá espaço para ambos os lados refletirem.

2. Remova gatilhos de contato:

- Bloqueie temporariamente o acesso às redes sociais do ex para evitar recaídas ou interações acidentais.
- Apague mensagens ou registros que possam desencadear impulsos emocionais.

3. Foque em si mesmo:

- Pratique atividades que promovam seu bem-estar emocional e físico, como exercícios, meditação, leitura ou até mesmo terapia.
- Trabalhe para se tornar a melhor versão de si mesmo, não apenas para o outro, mas para sua própria satisfação.

4. Seja consistente:

- Não entre em contato, mesmo em momentos de carência ou dúvida.
- Caso o outro procure você, evite responder imediatamente ou de maneira emocional. Avalie a situação com calma.

5. Use o tempo para reavaliar o relacionamento: Pergunte-se:

- *Eu realmente quero reconquistar essa pessoa?*
- *Os problemas que levaram ao término podem ser resolvidos?*
- *Este relacionamento era saudável e valia a pena?*

Quando o "contato zero" pode não ser apropriado?

1. **Relacionamentos abusivos:** Se o término aconteceu devido a abuso emocional, físico ou psicológico, a técnica não deve ser usada com o objetivo de reconciliação. Nesse caso, o foco deve ser a sua segurança e o rompimento definitivo.

2. **Responsabilidades compartilhadas:** Se houver filhos, negócios ou outros compromissos em comum, o contato pode ser inevitável. Nesse caso, o "contato zero" pode ser adaptado para uma comunicação mínima e estritamente objetiva.

3. **Dependência emocional severa:** Pessoas que têm dificuldades extremas em lidar com a solidão podem se beneficiar mais de acompanhamento terapêutico antes de tentar estratégias como o contato zero.

O que fazer após o período de contato zero?

1. Reavaliar sua motivação:

- Pergunte-se se ainda deseja reconquistar a pessoa ou se já está em paz com o término.
- Muitas vezes, o tempo de afastamento mostra que o foco principal deveria estar em sua própria evolução.

2. Estabelecer uma comunicação inicial:

- Caso decida retomar o contato, envie uma mensagem neutra e casual para testar a receptividade.
- Evite discussões sobre o passado imediatamente; foque em reconstruir a conexão aos poucos.

3. Prepare-se para diferentes respostas:

- O outro pode ter seguido em frente, e isso deve ser aceito como parte do processo.
- Se a reconexão acontecer, vá com calma e estabeleça uma nova dinâmica saudável.

Reflexão final: contato zero e saúde emocional

Embora o contato zero seja frequentemente associado à reconquista, sua maior contribuição é para o autoconhecimento e o fortalecimento emocional. Ele nos ensina a importância de dar espaço ao outro, lidar com nossas próprias inseguranças e redefinir o significado do término.

Mesmo que a reconciliação não aconteça, o maior benefício do contato zero é a possibilidade de se reconstruir como uma pessoa mais forte, consciente e resiliente. Afinal, antes de sermos bons em qualquer relacionamento, precisamos ser bons para nós mesmos.

CAPÍTULO 21

QUANDO "A EX" OU "O EX" ESTÃO APAIXONADOS POR OUTRA PESSOA

Reconquistar uma pessoa que já está apaixonada por outra é um desafio emocional significativo e, dentro da Psicologia moderna, envolve uma série de nuances que precisam ser consideradas. Não há garantias de sucesso, pois cada situação depende de fatores individuais, mas alguns princípios psicológicos podem ajudar a entender o processo e avaliar as possibilidades.

Fatores que influenciam a reconquista

1. O estágio do novo relacionamento

- Se a paixão pela outra pessoa está no início, pode haver espaço para reconexão, pois a intensidade inicial tende a ser baseada em idealizações.
- Se o vínculo com a outra pessoa está consolidado, a reconquista pode ser mais difícil.

2. Histórico do relacionamento prévio

- A qualidade do relacionamento anterior impacta a probabilidade de reconquistar. Se havia respeito, momentos felizes e uma conexão genuína, esses fatores podem ser uma base para reaproximação.

3. Abertura da pessoa

- A pessoa precisa estar aberta a algum tipo de contato ou diálogo. Se ela já *"fechou as portas"*, insistir pode ser contraproducente.

4. Autoestima e autenticidade

- Reconquistar alguém a partir da necessidade de validação ou manipulação raramente funciona. É importante agir com autenticidade e respeitar os sentimentos do outro.

Estratégias baseadas na Psicologia Moderna

Se há espaço para tentar reconquistar, aqui estão algumas abordagens psicológicas saudáveis:

1. Reforce a conexão emocional

- Reconquistar envolve reconstruir a conexão emocional perdida. Lembre-se de momentos positivos e busque criar novos momentos significativos.
- Use a escuta ativa: demonstre interesse genuíno pelo que a pessoa sente e pensa.

2. Trabalhe na sua melhor versão

- Mostre que você cresceu e aprendeu com os erros do passado. Pessoas são naturalmente atraídas por autoconfiança e evolução pessoal.

- Invista em si mesmo, tanto emocional quanto fisicamente, mas sem o objetivo de "impressionar", e sim de se tornar a sua melhor versão.

3. Respeite os sentimentos dela

- Se a pessoa está apaixonada por outra, respeite isso. Pressionar ou tentar desvalorizar a nova relação pode causar rejeição.

- Em vez disso, ofereça apoio e mostre que você está disponível, mas sem invadir o espaço dela.

4. Reconstrua a confiança

- Se o término envolveu falta de confiança, demonstre com ações consistentes que você mudou.

- Confiança é uma base essencial para qualquer reaproximação.

5. Reative a memória afetiva

- Apele para memórias positivas que vocês compartilharam, sem parecer insistente. Isso pode reacender sentimentos adormecidos.

- Use momentos ou lugares que tenham significado para vocês como uma forma de reaproximar.

6. Supra a necessidade da DOPAMINA dando de presente animais de estimação

- É comprovado pela ciência que animais de estimação podem substituir até mesmo "pessoas" no sentido de suprir a necessidade de afeto, fornecendo dopaminas neurais necessárias para ***"retirar a atenção"*** – *quebrar o ciclo do hiperfoco* –, fazendo o indivíduo parar de pensar no amante.

Limites éticos e respeito ao outro

A Psicologia Moderna enfatiza que **nenhuma tentativa de reconquista deve desrespeitar o livre-arbítrio** da outra pessoa. Manipulação, pressão emocional ou estratégias para prejudicar a nova relação são práticas antiéticas e podem causar danos psicológicos a todos os envolvidos.

CAPÍTULO 22

RESPEITO

A base de tudo

Um dos maiores poderes da alma humana

Respeito é o reconhecimento e a valorização da dignidade, dos direitos, dos sentimentos e das perspectivas de outra pessoa ou entidade. Ele envolve tratar os outros com consideração, empatia e equidade, independentemente de diferenças de opinião, cultura ou crenças. Respeitar significa também aceitar os limites e escolhas alheias, sem invadir ou violar o espaço físico, emocional ou intelectual do outro. Mais do que uma atitude passiva, o respeito é uma prática ativa de reconhecer a humanidade e o valor intrínseco de cada ser, promovendo relações harmoniosas e um ambiente de confiança e reciprocidade.

O respeito é um pilar fundamental na reconquista de uma relação rompida ou na reconstrução da conexão entre um casal. Quando uma relação enfrenta dificuldades, a presença (ou ausência) de respeito é muitas vezes o fator que determina se o vínculo pode ser restaurado de maneira saudável e duradoura. Aqui estão os principais motivos que ilustram a importância do respeito nesse contexto:

1. Validação da individualidade

Cada pessoa em um relacionamento tem sua própria identidade, crenças, valores e necessidades. Demonstrar respeito significa validar e reconhecer essas características únicas, mesmo em momentos de conflito. Na reconquista, isso é essencial para mostrar que o parceiro é valorizado como indivíduo, e não apenas como parte de uma relação.

2. Reconhecimento dos limites

Respeito inclui entender e honrar os limites emocionais e físicos do outro. Durante o processo de reconquista, é importante não pressionar ou forçar o parceiro a agir ou sentir de determinada maneira. Esse reconhecimento de limites promove um ambiente de segurança emocional.

3. Demonstração de maturidade

Reconhecer erros e demonstrar respeito pelo parceiro durante esse reconhecimento é um sinal de maturidade. Admitir falhas sem transferir culpa é uma maneira poderosa de reconstruir a confiança e demonstrar que você valoriza a relação.

4. Criação de espaço para comunicação saudável

Respeito é a base de uma comunicação aberta e honesta. Em um relacionamento rompido, no qual mágoas podem ter se acumulado, a maneira como você ouve e responde ao parceiro é crucial. Respeitar suas opiniões e sentimentos, mesmo que sejam difíceis de ouvir, abre espaço para o diálogo necessário à reconciliação.

5. Reconstrução da confiança

Quando o respeito é evidente em palavras e ações, ele ajuda a restaurar a confiança, muitas vezes abalada após conflitos ou mágoas. O respeito comunica ao parceiro que você está comprometido com o bem-estar dele e com o fortalecimento do relacionamento.

6. Cura e superação de mágoas

Em casos de relações rompidas, é comum que ambas as partes tenham sido feridas. Demonstrar respeito pelo processo de cura do outro, sem minimizar suas dores ou apressar a superação, é essencial para reconstruir a conexão emocional.

7. Fortalecimento da autoestima mútua

Respeito mútuo reforça a autoestima de ambos os parceiros. Quando um sente que suas necessidades, sentimentos e opiniões são levados a sério, ele se sente mais confiante na relação e no valor que o outro atribui a ele.

Como praticar o respeito na reconquista?

- **Ouvir ativamente:** mostre que você está verdadeiramente interessado no que o outro tem a dizer.

- **Reconhecer os erros:** aceite responsabilidade sem buscar justificativas ou culpar o parceiro.

- **Evitar julgamentos:** entenda que as emoções e reações do outro são válidas, mesmo que você não as compreenda completamente.

- **Demonstrar paciência:** a reconquista é um processo, e o respeito implica dar ao outro o tempo necessário para processar as mudanças.

- **Cuidar da linguagem:** use palavras que demonstrem empatia e evite tons acusatórios ou desrespeitosos.

Conclusão

Reconquistar uma relação ou reestabelecer uma conexão requer uma base sólida de respeito mútuo. O respeito não apenas cria um espaço seguro para o diálogo, mas também sinaliza ao parceiro que ele é importante e digno de cuidado. Ele é o ponto de partida para a reconexão emocional e para a construção de um relacionamento mais forte e saudável no futuro.

Nota especial do autor

Queridos leitores,

Eu não poderia deixar de compartilhar um pouco da minha experiência – *colocar meu próprio sangue à prova*. Minha percepção sobre o processo de reconquista não é apenas analítica, mas também profundamente emocional. É um caminho marcante, complexo e, talvez, para muitos, incompreensível. Porém a essência do que quero transmitir é simples: *quem ama, respeita – respeito é amor... amor é vida e transformação.*

O respeito é a base de tudo. Ele não é apenas um princípio ético, mas um verdadeiro segredo de poder. Respeitar o outro, mesmo nos momentos de dor ou glória, é tanto um ato de entrega quanto de força. Embora o respeito, em certas ocasiões, represente sofrimento, ele também pode ser profundamente libertador. Afinal, para se curar de uma doença, nem sempre tomamos o remédio doce; às vezes, o remédio é amargo, mas é ele que traz a cura.

Esperei por mais de um ano pelo retorno do meu grande amor, sustentando-me apenas na base do respeito e do autoconhecimento. Não vou descrever aqui completamente o que esse processo representou, pois já o explorei nos textos anteriores. Porém posso resumir em poucas palavras: *foi uma experiência de início dolorosa, porém profundamente transformadora e libertadora.*

Vi o meu grande amor seguir caminhos sinuosos (aventuras) com outras pessoas. Vi seus lamentos, sofrimentos e suas lágrimas derramadas por outro amor. E, em vez de abandoná-la emocionalmente ou tripudiar sobre sua dor, escolhi estender a mão amiga. Foi uma escolha difícil, estranha e, às vezes, torturante, mas absolutamente necessária para mim, *para medir o tamanho do meu próprio amor.*

Quantas vezes passei de carro em frente à minha antiga casa e via o carro do novo relacionamento dela estacionando em frente, sentia dor, vontade de parar ali e gritar no seu portão, *mas escolhi trocar de rua (o que os olhos não veem, o coração não sente – verdade universal).* Acima de tudo, mentalizava repetidamente nos pensamentos: *"Só quero que ela seja feliz, e que aquele homem faça por merecer aquele grandioso coração"* ... A liberdade e o espaço que concedi, adjuntos da amizade sincera, foram as sementes que plantaram uma nova visão e possibilidade de relação estável e sustentável.

Por amor, aprendi o verdadeiro significado do *respeito*. O respeito que se inspira em algo maior, como o exemplo de Jesus Cristo, que morreu por nós, entregando-se completamente por amor e respeito aos seus irmãos. Deus entregou seu filho por amor, e seu filho suportou tudo por respeito ao Pai e à humanidade. Por meio de Jesus, aprendi a ter fé e a acreditar na cura pela liberdade da alma.

Foi apenas quando aprendi a perdoar a mim, aos erros da minha ex-esposa, aos pecados adjacentes da perdida relação e os meus "supostos" inimigos, que encontrei a verdadeira liberdade e paz de espírito. Curiosamente, esses inimigos (*que nem eram inimigos,* só rupturas) se tornaram alianças inesperadas, provando que o perdão não só nos liberta, mas também transforma positivamente nossas relações. Que Deus abençoe a todos que tiveram a generosidade de me perdoar.

Por fim, deixo uma reflexão: quando mantemos um pássaro preso e decidimos soltá-lo, damos a ele a liberdade de escolha. Se ele retornar, é porque realmente pertence a você. Embora a maioria não retorne.

Eu soltei o meu pássaro, o meu amor, o meu grande amor... e, até agora, ele não retornou. Ela não voltou... mas sigo na liberdade da minha própria escolha.: ESPERAR COM FÉ... ou que Deus me dê um novo grande amor...

E SE... *a reconquista não acontecer?*

Reconquistar alguém não depende apenas de você; também envolve os sentimentos, escolhas e circunstâncias do outro. Se, apesar dos esforços, a reconquista não for possível:

- **Aceite a situação:** isso pode ser difícil, mas é essencial para o seu próprio bem-estar emocional.

- **Foque no autocuidado:** concentre-se em atividades que tragam alegria e crescimento pessoal.

- **Abra-se para novas oportunidades:** o término pode ser uma chance de encontrar alguém com quem você construa um relacionamento ainda mais saudável e feliz.

Conclusão

Sim, reconquistar é possível em alguns casos, mas requer *paciência, autenticidade e respeito*. Acima de tudo, é importante entender que a pessoa tem o direito de escolher o que é melhor para ela. A reconquista saudável começa com o respeito mútuo e a aceitação do que a vida apresenta.

CAPÍTULO 23

RENASCIMENTO DO AMOR PERDIDO

É POSSÍVEL?... com uma breve ressíntese dos textos anteriores...

Sim, dentro da Psicologia Moderna e das dinâmicas dos relacionamentos, é possível fazer renascer um amor do passado, mas isso depende de uma série de fatores, como a disposição de ambas as partes, a natureza do término e o nível de maturidade emocional envolvido. Não é verdade que todo amor, ao terminar, termina *"de vez"*. Relacionamentos podem ser retomados e fortalecidos, mas isso exige esforço, reflexão e compromisso com mudanças.

1. Quando é possível reviver um amor do passado?

Reviver um amor é mais viável quando:

- **Os sentimentos ainda existem:** Há carinho, respeito e conexão emocional, mesmo que abafados por mágoas ou feridas passadas.

- **As causas do término podem ser resolvidas:** problemas como má comunicação, falta de tempo ou conflitos pontuais podem ser trabalhados e superados.

- **Ambos estão dispostos a mudar:** o renascimento de um amor depende de um esforço conjunto para abordar problemas antigos de novas maneiras.

- **Há respeito mútuo:** mesmo com conflitos, o respeito e a admiração pelo outro permanecem.

Por outro lado, é mais difícil (e, às vezes, indesejável) tentar reviver um relacionamento que terminou por:

- *Abusos emocionais, físicos ou psicológicos.*
- *Diferenças irreconciliáveis de valores ou objetivos de vida.*
- *Falta de vontade genuína de uma das partes.*

2. Dicas práticas e validadas para renascer um amor

A. Reflita antes de agir

- **Pergunte-se por que você deseja reviver o amor:**
    - É amor genuíno ou apego emocional?
    - *Você sente falta da pessoa ou apenas da ideia de estar em um relacionamento?*
    - *O que mudou desde o término para justificar uma nova tentativa?*
- **Entenda o que deu errado:** Analise os motivos do término e avalie se esses problemas podem ser resolvidos ou se são barreiras permanentes.

B. Estabeleça um novo começo

- **Converse abertamente:**

    - Marque uma conversa para expressar seus sentimentos e ouvir os da outra pessoa.

    - Seja vulnerável, mas também realista ao abordar o que deu errado e como gostaria de mudar.

- **Foquem em construir algo novo, não em reviver o antigo:**

    - Tratar a reconciliação como um "recomeço" evita que vocês caiam nos mesmos padrões que causaram o término.

    - Criem novas rotinas, formas de comunicação e momentos de qualidade juntos.

C. Reconstruam a confiança

- **Seja transparente:**

    - Fale sobre suas intenções e comprometa-se com ações consistentes.

    - Evite comportamentos que possam gerar desconfiança, como hesitações ou ambiguidades.

- **Demonstre comprometimento:** Mostre que está disposto a investir emocionalmente e a priorizar o relacionamento.

D. Trabalhem juntos os desafios

- **Busquem terapia de casal:** Um terapeuta pode ajudar a explorar os padrões de relacionamento, resolver mágoas antigas e criar estratégias para superar conflitos futuros.

- **Cultivem a comunicação eficaz:**
    - Pratiquem a escuta ativa e evitem acusações.
    - Fale dos problemas com foco em soluções, e não em culpas.

- **Deem tempo ao tempo:** Reconciliações podem ser emocionalmente intensas. Respeitem o ritmo um do outro e permitam que as coisas aconteçam naturalmente.

E. Trabalhem em si mesmos

- **Cresçam individualmente:**
    - Use o tempo após o término para refletir, amadurecer e desenvolver autoconhecimento.
    - Relacionamentos renascem mais fortes quando ambos evoluem como indivíduos.

- **Eliminem padrões tóxicos:** Identifiquem comportamentos prejudiciais, como ciúmes excessivos, dependência emocional ou falta de empatia, e trabalhem para transformá-los.

3. Quando aceitar que um amor terminou?

Por outro lado, é importante reconhecer que nem sempre um amor pode ou deve ser revivido. Um término pode ser definitivo quando:

- **Há falta de sentimentos genuínos:** se o interesse está mais ligado à nostalgia ou ao medo de ficar só, o esforço pode não valer a pena.

- **Os problemas são insuperáveis:** diferenças fundamentais, como valores opostos ou objetivos de vida incompatíveis, podem ser barreiras permanentes.

- **Uma das partes não está disposta:** a reconciliação só funciona se houver reciprocidade.

Aceitando o fim

- **Foque no crescimento pessoal:** aproveite a experiência para aprender sobre si mesmo e sobre o que deseja em futuros relacionamentos.

- **Corte vínculos se necessário:** se o contato constante impede a superação, estabeleça limites.

- **Busque apoio:** amigos, família ou terapia podem ajudar a lidar com a dor e construir novas perspectivas.

- **Enfrente o luto:** é um processo difícil, mas necessário para que ambos possam seguir em frente e construir novas experiências emocionais saudáveis.

Reflexão final

Reviver um amor do passado é possível, mas requer maturidade, vontade mútua e mudanças reais para evitar repetir os erros do passado. O amor não desaparece do dia para a noite, mas para que ele renasça, é preciso reconstruí-lo em bases mais sólidas e saudáveis. Se, por outro lado, a relação não tiver mais espaço para renascimento, o aprendizado e o crescimento pessoal ainda serão valiosos para futuras conexões.

O essencial é agir com honestidade, tanto consigo mesmo quanto com o outro, e respeitar os limites e desejos de ambas as partes.

CAPÍTULO 24

RELAÇÕES TÓXICAS

Conceitual

Primeiramente, é preciso fazer uma breve reflexão sobre as terríveis relações tóxicas. Todos nós já vivenciamos ou presenciamos alguma relação turbulenta, repleta de brigas e ofensas, sem acordo no fim. Ninguém nasce com as ferramentas e o conhecimento necessário, sequer para identificar esse tipo de comportamento, quanto mais salvar sua relação. Ou seja, na verdade muitos de nós nem mesmo sabemos o que é uma relação toxica na totalidade. Particularmente, eu mesmo só fui descobrir que a minha relação era dessa forma após o término da última tentativa de reconexão e com os aprendizados que adquiri.

Embora amasse demais minha "ex", nós dois optamos por dar um tempo – *tempo cruel, mas necessário para respirar e se curar –*, infelizmente foi nesse momento em que ela conheceu outra pessoa e o meu mundo desabou. Mas pelo amor que ainda sentia por ela, tive que aprender a esperar, respeitar e dar tempo ao tempo; dar o direito do seu espaço.

Então vamos agora entender um pouco, *cientificamente*, o que é uma relação tóxica. *E lembre-se:* nada está perdido, para tudo há um recomeço, pois já vi casais se curarem. *Basta manter um propósito firme e direção certa, e tente quantas vezes achar que for necessário – LUTE, ACREDITE E TENTE, TENTE NOVAMENTE.* Sempre digo que a família é a base de tudo. Foque o poder do amor da família, *sobretudo*: OS FILHOS... para eles nós somos os super-heróis de suas vidas.

Relação tóxica + O que é uma relação tóxica?

Uma relação tóxica é uma dinâmica interpessoal prejudicial, na qual uma ou ambas as partes envolvidas experimentam comportamentos destrutivos que comprometem sua saúde emocional, mental e, em alguns casos, física. Essas relações são marcadas por desequilíbrios de poder, manipulação, deboches e sarcasmo, críticas ofensivas, falta de respeito e comportamentos que enfraquecem a autoestima e a sensação de bem-estar.

Traços de uma relação tóxica

1. Controle excessivo

- Uma das partes tenta controlar o comportamento, as escolhas ou os pensamentos da outra, seja direta (ordens, ultimatos) ou indiretamente (culpa, manipulação).
- Exemplos: decidir com quem o outro pode falar, onde pode ir ou até o que deve vestir.

2. Manipulação

- Utilização de estratégias como chantagem emocional, distorção de fatos ou culpa para obter o que deseja.
- Exemplos: *"Se você me amasse, faria isso por mim"* ou *"Tudo o que eu faço é por você, e você não reconhece."*.

3. Desrespeito contínuo

- Falta de consideração pelos sentimentos, opiniões ou limites do outro.

- Exemplos: interrupções constantes, zombar ou minimizar os problemas do parceiro(a).

4. Comunicação disfuncional

- Discussões que nunca chegam a uma resolução, agressividade passiva ou comunicação baseada em críticas constantes.
- Exemplos: evitar conversas importantes, ignorar mensagens ou usar o "tratamento de silêncio" como punição.

5. Abuso emocional

- Comportamentos que diminuem a autoestima ou fazem o outro se sentir inadequado.
- Exemplos: insultos, comparações negativas ou criar insegurança propositalmente.

6. Falta de apoio

- A relação deixa de ser um espaço seguro para compartilhar sentimentos ou buscar apoio em momentos difíceis.
- Exemplos: ignorar necessidades emocionais, desvalorizar conquistas ou nunca estar presente em momentos importantes.

7. Ciúme exagerado e desconfiança

- Insegurança manifesta-se em comportamentos possessivos, controle de redes sociais ou vigilância constante.

- Exemplos: questionar constantemente onde o outro está ou quem são seus amigos.

8. Isolamento

- Uma das partes tenta afastar a outra de amigos, família ou redes de apoio.
- Exemplos: fazer o parceiro se sentir culpado por passar tempo com outras pessoas.

9. Desequilíbrio de poder

- A relação é caracterizada por uma parte que sempre tem controle ou decisão final, enquanto a outra é subjugada.
- Exemplos: *"Eu sempre sei o que é melhor para nós"* ou *"Você não consegue fazer nada direito."*.

10. Ciclos de conflito e reconciliação

- Discussões frequentes seguidas de períodos de reconciliação superficial que não resolvem os problemas de base.
- Exemplos: promessas de mudança que nunca se concretizam ou gestos grandiosos após comportamentos tóxicos.

Impactos das relações tóxicas

- **Emocionais:** ansiedade, baixa autoestima, insegurança, depressão.
- **Físicos:** fadiga, insônia, dores de cabeça e estresse crônico.

- **Sociais:** isolamento de amigos e familiares.
- **Psicológicos:** sensação de dependência ou incapacidade de deixar a relação.

Sinais de alerta

- Você se sente constantemente esgotado(a) ou ansioso(a) após interagir com a pessoa.
- Sente que está sempre pisando em ovos para evitar conflitos.
- Percebe que seus sentimentos e necessidades são frequentemente ignorados.
- Reconhece padrões repetitivos de culpa, controle ou manipulação.

O que fazer em uma relação tóxica?

1. **Reconheça o problema:** identifique os padrões de comportamento tóxicos na relação.
2. **Estabeleça limites:** defina claramente o que é aceitável e o que não é.
3. **Busque apoio:** converse com amigos, familiares ou um terapeuta para ganhar clareza sobre a situação.
4. **Promova diálogo aberto:** se possível, tente discutir as questões com o parceiro(a), mas prepare-se para resistências.

5. **Considere terapia de casal:** se ambos estiverem dispostos, a terapia pode ajudar a corrigir dinâmicas prejudiciais.

6. **Saia, se necessário:** se a relação for insustentável e não houver mudança, priorize seu bem-estar e procure maneiras seguras de encerrar a relação.

Uma relação tóxica é prejudicial à saúde mental e emocional e pode ser difícil de reconhecer quando estamos envolvidos nela. É como o paradoxo do Furacão *(ver em Paixões, página 105)*, quem está na relação – *no olho do furacão* –, não consegui enxergar sua destruição ao redor, apenas as pessoas de fora.

Identificar os traços tóxicos e buscar apoio são passos fundamentais para restaurar a saúde e o equilíbrio, seja para transformar a relação ou encerrá-la de maneira saudável.

É possível tratar uma relação tóxica?

Sim, é possível tratar uma relação tóxica, desde que ambas as partes estejam dispostas a reconhecer os problemas, assumir responsabilidades e trabalhar ativamente para mudar os padrões negativos. A mudança depende do comprometimento mútuo e de uma abordagem estruturada para reconstruir uma relação saudável.

Passos para tratar uma relação tóxica

1. Reconhecimento e aceitação

- **Descrição:** o primeiro passo é identificar os comportamentos tóxicos que estão presentes na relação. Ambos precisam admitir a existência do problema sem culpar exclusivamente o outro.

- **Exercício:** faça uma lista conjunta ou individual dos padrões prejudiciais observados na relação. Exemplo: controle, manipulação, falta de comunicação.

- **Ferramenta terapêutica:** a técnica do *feedback não violento* ajuda a expressar insatisfações de maneira respeitosa e clara.

2. Estabelecimento de limites saudáveis

- **Descrição:** definir limites claros ajuda a evitar comportamentos tóxicos e promove respeito mútuo.

- **Exercício:** cada parceiro deve expressar o que não é mais aceitável na relação e discutir formas de evitar ultrapassar esses limites.

- **Ferramenta terapêutica:** a técnica da *comunicação assertiva* ensina a expressar limites de maneira respeitosa, sem agressividade.

3. Reforço da comunicação eficiente

- **Descrição:** a má comunicação é um dos principais gatilhos de toxicidade. Aprender a ouvir e falar de maneira respeitosa é essencial.

- **Técnicas:**

  - **Escuta ativa:** repetir o que o outro disse para garantir entendimento. Exemplo: *"O que entendi foi que você se sentiu ignorado(a) quando eu fiz isso, certo?"*.

  - **Reuniões regulares de casal:** estabeleça um momento semanal para discutir questões e melhorias na relação.

4. Reconstrução da confiança

- **Descrição:** relações tóxicas frequentemente corroem a confiança. É necessário reconstruí-la por meio de consistência e honestidade.

- **Exercício:** pratique a *técnica dos pequenos compromissos*, em que cada parceiro cumpre promessas simples para reforçar a confiabilidade.

- **Ferramenta terapêutica:** use a *terapia de reparação emocional* para trabalhar em mágoas passadas que enfraqueceram a confiança.

5. Fortalecimento da autonomia de cada parceiro

- **Descrição:** relações saudáveis são compostas por indivíduos autônomos e independentes. Cada um deve desenvolver sua própria autoestima e interesses.

- **Exercício:** incentive cada parceiro a investir em hobbies, amizades e atividades individuais.

- **Ferramenta terapêutica:** trabalhe com a *técnica de diferenciação* para ensinar os parceiros a estarem conectados sem perder a individualidade.

6. Aprender a resolver conflitos de forma construtiva

- **Descrição:** conflitos são inevitáveis, mas a forma como são resolvidos define se a relação melhora ou piora.

- **Técnicas:**

  - **Método "Pare, Escute, Fale":** antes de reagir emocionalmente, faça uma pausa, ouça o parceiro e depois expresse sua perspectiva.

  - **Foco na solução:** em vez de acusar, foque o que pode ser feito para resolver o problema.

Técnicas de terapia para tratar relações tóxicas

1. Terapia Cognitivo-Comportamental (TCC)

- **Objetivo:** identificar e modificar padrões de pensamento e comportamento disfuncionais que alimentam a toxicidade.

- **Exemplo:** trabalhar crenças como *"Eu preciso controlar tudo para manter a relação"* ou *"Se ele/ela me ama, deve adivinhar o que eu quero"*.

2. Terapia de casal centrada nas emoções (*Emotionally Focused Therapy* – EFT)

- **Objetivo:** ajudar o casal a reconhecer os padrões emocionais que os desconectam e criar um vínculo mais seguro.

- **Técnicas:** exploração das emoções subjacentes aos conflitos, como medo de abandono ou rejeição.

3. Terapia sistêmica

- **Objetivo:** examinar o sistema relacional como um todo, observando como as dinâmicas do casal interagem com fatores externos (família, trabalho, cultura).

- **Técnica:** mapeamento da relação, identificando padrões e "ciclos tóxicos" que precisam ser quebrados.

4. Terapia de comunicação não violenta (CNV)

- **Objetivo:** ensinar o casal a se comunicar de maneira clara e empática, reduzindo conflitos e mal-entendidos.

- **Técnica:** prática de quatro passos: observação, sentimento, necessidade e pedido.

5. Terapia focada na solução

- **Objetivo:** focar os pontos positivos e as soluções, em vez de explorar apenas os problemas.

- **Exercício:** *"O que vocês já fazem bem no relacionamento? Como podem ampliar isso?"*.

Dicas adicionais para sustentar a transformação

1. **Pratiquem a gratidão:** reconheçam as pequenas mudanças positivas e elogiem os esforços do outro.

2. **Dediquem tempo à relação:** planejem momentos de qualidade juntos, como um passeio ou um jantar.

3. **Mantenham um diário de progresso:** registrem as melhorias percebidas e os desafios enfrentados ao longo do tempo.

4. **Seja paciente:** mudanças profundas exigem tempo e esforço contínuo.

Conclusão

Uma relação tóxica pode ser transformada em uma relação saudável com comprometimento, autoconhecimento e as ferramentas certas. Terapias e técnicas específicas ajudam a quebrar padrões negativos, fortalecer a comunicação e reconstruir o respeito mútuo. Porém, se uma das partes não estiver disposta a colaborar ou se houver abuso persistente, é importante considerar o término como um ato de autopreservação.

Checklist: sua relação é tóxica?

Responda cada pergunta com "Sim" ou "Não". Quanto mais respostas afirmativas, maior a probabilidade de a relação apresentar sinais de toxicidade. Este checklist aborda múltiplos aspectos emocionais, comportamentais e relacionais para oferecer uma avaliação mais abrangente.

Comunicação e respeito

1. Você sente que não pode expressar suas opiniões ou sentimentos sem medo de ser julgado(a), criticado(a) ou menosprezado(a)?

2. As discussões frequentemente terminam em insultos, gritos ou acusações, em vez de soluções?

3. O outro interrompe ou invalida suas falas, ignorando seu ponto de vista?

4. Existe sarcasmo ou zombarias que fazem você se sentir inferior ou ridículo(a)?

5. As conversas sobre problemas ou conflitos nunca chegam a um consenso e frequentemente se repetem?

Controle e manipulação

6. Seu parceiro(a) tenta controlar suas escolhas pessoais, como amizades, roupas, hobbies ou onde você pode ir?

7. Você já foi induzido(a) a sentir culpa por querer algo que não está de acordo com as vontades do outro?

8. Há chantagem emocional para obter algo, como ameaças de término ou punições emocionais (ex.: silêncio prolongado)?

9. Você sente que precisa pedir permissão para fazer algo que deveria ser uma decisão sua?

10. O outro usa frases como "Se você realmente me amasse, faria isso" para justificar demandas?

Confiança e liberdade

11. Existe ciúme exagerado que faz você se sentir vigiado(a) ou questionado(a) constantemente?

12. Seu parceiro(a) verifica suas redes sociais, mensagens ou atividades sem sua permissão?

13. Você sente que precisa esconder amizades, conversas ou atividades para evitar conflitos?

14. O outro desconfia constantemente de você, mesmo sem motivos concretos?

15. Você foi incentivado(a) a se afastar de amigos, familiares ou redes de apoio emocional?

Impacto emocional e mental

16. Você sente que está sempre "pisando em ovos" para evitar conflitos ou aborrecimentos?

17. Desde o início da relação, sua autoestima diminuiu ou você se sente menos confiante sobre si mesmo(a)?

18. Você frequentemente se sente emocionalmente exausto(a), ansioso(a) ou desvalorizado(a) após interagir com seu parceiro(a)?

19. Seu parceiro(a) já minimizou ou zombou de suas emoções, dizendo que você está exagerando ou sendo "sensível demais"?

20. O relacionamento faz você sentir mais insegurança do que estabilidade e felicidade?

Abuso e desrespeito

21. O outro já utilizou insultos, palavras ofensivas ou xingamentos durante uma discussão?

22. Há comportamento passivo-agressivo, como ignorar você de propósito ou puni-lo(a) emocionalmente?

23. Você já sentiu medo de expressar seus sentimentos ou discordar para evitar possíveis reações negativas?

24. Seu parceiro(a) já ridicularizou sua aparência, habilidades ou opiniões em público ou em particular?

25. Você já foi humilhado(a), intimidado(a) ou ameaçado(a) de alguma forma?

Desequilíbrio de poder

26. As decisões importantes do relacionamento são quase sempre tomadas unilateralmente pelo outro?

27. Você sente que dá mais ao relacionamento (em termos de esforço, tempo ou cuidado) do que recebe?

28. O outro frequentemente tenta impor a sua visão, desconsiderando as suas necessidades ou opiniões?

29. Quando há problemas na relação, você sente que a culpa é sempre atribuída a você, mesmo que não seja justo?

30. Você percebe que suas realizações ou qualidades são frequentemente desvalorizadas ou ignoradas?

Ciclos negativos de conflito

31. Após brigas, há períodos de reconciliação seguidos de novos conflitos sem resolução real?

32. Promessas de mudança feitas durante discussões raramente são cumpridas?

33. Você sente que os mesmos problemas se repetem, independentemente de suas tentativas de resolvê-los?

34. O outro já usou gestos grandiosos ou presentes como forma de "compensar" comportamentos tóxicos, mas sem mudar o padrão de comportamento?

Desenvolvimento e crescimento pessoal

35. O relacionamento impede você de investir em sua carreira, estudos ou hobbies por causa de críticas ou falta de apoio?

36. Você sente que não pode crescer ou explorar novas oportunidades porque o outro pode se sentir ameaçado ou desinteressado?

37. Suas conquistas pessoais são frequentemente ignoradas ou vistas com indiferença?

38. Você já reprimiu sonhos ou desejos para evitar conflitos com o outro?

Interpretação dos resultados

- **0 a 10 respostas "Sim":** sua relação apresenta comportamentos saudáveis, mas alguns pontos podem ser monitorados e discutidos para evitar desgaste futuro.

- **11 a 20 respostas "Sim":** há sinais significativos de toxicidade. Reflita sobre os padrões e considere buscar mudanças ou apoio profissional.

- **21 ou mais respostas "Sim":** a relação possui características fortemente prejudiciais. Avalie seriamente a viabilidade de continuar nesse relacionamento e priorize sua saúde emocional.

O que fazer em caso de relação tóxica?

1. **Converse:** tente um diálogo franco sobre os problemas identificados.

2. **Estabeleça limites:** seja claro(a) sobre o que não é mais aceitável no relacionamento.

3. **Busque apoio:** considere terapia individual ou de casal para trabalhar as questões.

4. **Priorize-se:** se a toxicidade persistir e comprometer seu bem-estar, reavalie a relação e priorize sua saúde emocional.

Esse checklist é uma ferramenta para reflexão e autoconhecimento. Se os resultados apontarem para sinais graves, procure ajuda de um psicólogo ou conselheiro.

Grandes amigos após a separação, melhor até do que antes do casamento...

Por que um casal pode se tornar bons amigos após uma separação de uma relação tóxica? O fenômeno de um casal que, após a separação, consegue estabelecer uma relação de amizade saudável e harmoniosa, mesmo vindo de uma relação tóxica, pode ser explicado por diversos fatores psicológicos e emocionais. A seguir estão os principais aspectos que contribuem para essa transformação:

1. Fim do controle e da sensação de posse

- **Liberdade emocional:** durante um relacionamento tóxico, o sentimento de controle e posse muitas vezes domina a dinâmica. Após a separação, essas pressões desaparecem, permitindo que ambos se relacionem de modo mais leve e livre.

- **Ausência de competição e ansiedade:** no casamento, questões como ciúmes, disputas emocionais e controle de decisões geram ansiedade e atritos. Sem esses fatores, a interação pode se tornar mais natural e respeitosa.

- **Redefinição de limites:** A separação permite que ambos os parceiros recuperem sua autonomia, eliminando a necessidade de "vigiar" ou controlar o outro, o que gera uma convivência mais saudável.

2. Alívio da pressão do papel conjugal

- **Cessação de cobranças:** casais frequentemente experimentam tensões no relacionamento devido a expectativas ligadas aos papéis de marido e esposa. Sem essas demandas, a relação pós-separação se torna mais flexível.

- **Foco no respeito:** a ausência de cobranças diárias favorece a valorização dos aspectos positivos do outro, o que ajuda a construir um relacionamento mais equilibrado.

3. Distanciamento emocional saudável

- **Redução de gatilhos:** a convivência intensa em um casamento tóxico pode ativar gatilhos emocionais, como inseguranças e frustrações. Após a separação, o distanciamento emocional permite que esses gatilhos desapareçam ou se enfraqueçam.

- **Controle das emoções:** separados, ambos têm a oportunidade de refletir sobre seus comportamentos e desenvolver uma inteligência emocional mais madura.

4. Resgate do afeto básico

- **Reconexão com a essência:** sem os conflitos tóxicos, a amizade e admiração que existiam antes do relacionamento podem ser resgatadas.

- **Gratidão mútua:** reconhecer o impacto positivo que o outro teve em determinados momentos da vida pode fortalecer o vínculo de amizade.

5. Aprendizado com a experiência tóxica

- **Mudança de perspectiva:** a separação pode ser um momento de reflexão, no qual ambos identificam os padrões negativos que contribuíram para a toxicidade da relação.

- **Crescimento pessoal:** trabalhar individualmente em questões emocionais pode ajudar os parceiros a se tornarem versões mais equilibradas e tolerantes de si mesmos.

6. Transformação do tipo de vínculo

- **De romântico para platônico:** sem a carga emocional de uma relação romântica, o vínculo pode se transformar em uma conexão baseada em amizade e respeito.

- **Redefinição de relacionamento:** os papéis deixam de ser conjugais, e a relação pode ganhar novas formas, como um vínculo fraterno ou uma parceria.

7. Possibilidade de um novo relacionamento afetivo

Embora a relação pós-separação seja inicialmente voltada para a amizade, é possível que, em alguns casos, esse novo vínculo evolua para um relacionamento romântico novamente. Isso pode ocorrer quando:

- **Ambos superam a toxicidade do passado:** a separação permite que os dois cresçam emocionalmente e revisem os padrões que prejudicaram a relação anterior.
- **A relação se redefine em novos termos:** sem as pressões de antes, o vínculo pode florescer com bases mais saudáveis, como respeito mútuo, comunicação clara e empatia.
- **Renascimento de sentimentos:** a proximidade na amizade pode reavivar sentimentos afetivos, agora livres de controle, ansiedade e cobranças.

Cuidado na reaproximação romântica

Se o relacionamento evoluir para um novo romance, é crucial que ambos estejam cientes do aprendizado anterior. O passado não deve ser ignorado, mas utilizado como uma base para construir uma nova dinâmica mais saudável.

8. Motivação para manter a amizade

- **História compartilhada:** a experiência de vida em comum pode servir como motivador para preservar o vínculo.

- **Impacto social e familiar:** quando há filhos ou amigos em comum, o esforço para manter uma relação amigável beneficia todos ao redor.

Por fim...

O fim do controle e da sensação de posse, aliado ao distanciamento emocional e à redefinição de limites, permite que o casal construa uma relação de amizade sólida. Além disso, essa nova dinâmica pode até abrir espaço para o renascimento de um relacionamento afetivo, desde que ambos tenham crescido emocionalmente e estejam dispostos a reconstruir a relação com bases mais saudáveis. Seja como amigos ou parceiros renovados, a chave para o sucesso está no respeito mútuo, na empatia e no aprendizado contínuo.

CAPÍTULO 25

O PERIGO DA ANSIEDADE CRÔNICA NOS TEMPOS ATUAIS

A ansiedade crônica age como um *"coadjuvante destrutivo"* nas relações humanas, especialmente em situações de interação emocional. Ela tem o poder de desestabilizar e até mesmo desfazer conexões interpessoais ao amplificar reações emocionais e distorcer a percepção da realidade. Para ilustrar esse impacto, vejamos o exemplo do celular e como a ansiedade pode transformar uma situação aparentemente simples em um conflito desnecessário.

Carol, uma pessoa ansiosa, envia uma mensagem de texto para seu namorado, Pedro. No entanto, ele demora duas horas para responder. Durante esse intervalo, a ansiedade de Carol aumenta, preenchendo o silêncio com suposições negativas: *"Por que ele não respondeu? Será que está me ignorando?"*. Essa espiral de pensamentos ansiosos a leva a agir impulsivamente.

Sem comunicar sua preocupação, Carol vai até Pedro e, ao encontrá-lo, expressa sua insatisfação de maneira exagerada: fala alto, usa gestos agressivos e faz isso na frente de outras pessoas. Sua ansiedade e irritação transbordam, sem filtro, transformando o momento em uma cena desconfortável.

Pedro, por outro lado, fica perplexo e irritado com a abordagem agressiva. Ao verificar seu celular, ele percebe que o aparelho estava descarregado, explicando a falta de resposta.

O exemplo apresentado é útil para ilustrar um comportamento comum nos tempos atuais, amplificado pelo uso constante da tecnologia: a ansiedade por resposta imediata. Essa ansiedade está relacionada a expectativas irreais de comunicação e à dificuldade de tolerar a incerteza. No caso de Carol, sua irritação e impulsividade são sintomas clássicos de uma ansiedade exacerbada, levando-a a reagir de modo desproporcional sem buscar uma explicação racional para o atraso.

Análise do exemplo

- **Gatilho:** a falta de resposta de Pedro dentro do *"tempo esperado"* por Carol.

- **Comportamento:** Carol reage com irritação, age impulsivamente e busca controle ao ir diretamente ao encontro de Pedro.

- **Causa provável:** Carol pode estar lidando com um medo de rejeição, abandono ou sensação de perda de controle, que é exacerbada pela comunicação mediada por tecnologia.

- **Resultado:** ao descobrir que o celular de Pedro estava descarregado, ela percebe que sua reação foi desproporcional. Isso pode levar a sentimento de culpa ou constrangimento.

Então...

1. Ansiedade e percepção distorcida:

A mente ansiosa de Carol interpretou o atraso de Pedro como um desinteresse ou negligência, mesmo sem evidências concretas. A ansiedade preencheu o silêncio com suposições negativas, gerando um estado emocional explosivo.

2. Reação impulsiva:

Incapaz de regular suas emoções, Carol agiu sem pensar, transformando sua irritação em um ataque verbal e gestual. Essa atitude impulsiva não apenas escalou a situação, mas também expôs Pedro a um constrangimento desnecessário.

3. Quebra de conexão:

A abordagem agressiva de Carol falhou em resolver o problema e também prejudicou a relação. Pedro, irritado e ofendido, passou a enxergar a reação de Carol como desproporcional e desrespeitosa.

Reflexão e soluções

Esse exemplo evidencia como a ansiedade crônica pode ser destrutiva nas conexões humanas. A incapacidade de gerenciar pensamentos ansiosos e impulsos emocionais transforma pequenos problemas em grandes conflitos. Para evitar isso, algumas estratégias são essenciais:

1. Reconheça a ansiedade:

Ao sentir a ansiedade crescer, identifique o sentimento e procure diferenciar fatos de suposições. No exemplo, Carol poderia ter reconhecido que sua irritação era alimentada por pensamentos ansiosos, e não por algo que Pedro realmente fez.

2. Espere e respire:

Antes de reagir, permita-se um momento para refletir. No caso de Carol, aguardar ou enviar outra mensagem poderia ter evitado a explosão emocional.

3. Comunique-se de maneira clara:

Em vez de agir impulsivamente, explique seus sentimentos de maneira calma e racional. Por exemplo, Carol poderia ter dito: *"Fiquei preocupada porque não recebi sua resposta. Está tudo bem?"*.

4. Pratique o controle emocional:

Técnicas como *mindfulness*, meditação e terapia cognitivo-comportamental ajudam a reduzir o impacto da ansiedade no dia a dia e promovem uma abordagem mais equilibrada às situações.

Síntese

A ansiedade crônica, quando não controlada, pode ser como um ruído constante que interfere na harmonia das conexões humanas. Reconhecê-la e aprender a gerenciá-la é essencial para evitar que ela transforme pequenos desafios em barreiras emocionais. O exemplo de Carol e Pedro nos lembra da importância de abordar as situações com paciência, clareza e empatia, preservando as conexões em vez de desestabilizá-las.

Outro exemplo mais contextualizado para os tempos atuais

Situação: João é convidado para um grupo de trabalho no WhatsApp. Durante a primeira reunião, os membros discutem várias tarefas, e ele envia uma sugestão para a equipe no grupo. Duas horas depois, ninguém responde. João começa a pensar:

- *"Será que minha ideia era ruim?"*
- *"Será que eles não me levam a sério?"*
- *"Estão ignorando de propósito?"*

João, ansioso, decide mandar uma mensagem privada para um dos colegas perguntando se há algo errado. Quando finalmente alguém responde no grupo, ele descobre que estavam todos ocupados com outras tarefas do trabalho e só viram a mensagem mais tarde.

Por que este exemplo é relevante?

1. **Abrange ambientes profissionais e pessoais:** a ansiedade por respostas não é apenas romântica, mas também presente em interações sociais e no trabalho.

2. **Mostra a influência da tecnologia:** a comunicação instantânea cria a expectativa de disponibilidade contínua e imediata.

3. **Demonstra como a ansiedade pode levar a pensamentos distorcidos:** a ausência de resposta imediata é interpretada como rejeição ou crítica.

4. **Enfatiza a impulsividade:** assim como Carol, João age antes de ter informações completas, intensificando sua ansiedade.

Por que a ansiedade crônica está aumentando nos tempos atuais?

1. **Disponibilidade constante:** Aplicativos de mensagens, e-mails e redes sociais nos fazem acreditar que precisamos estar acessíveis e prontos para responder a qualquer momento. Isso gera uma pressão constante.

2. **Medo de rejeição ou exclusão (FOMO):** A ausência de resposta muitas vezes é interpretada como exclusão ou desvalorização, especialmente em um contexto em que

validação social é mediada por curtidas, comentários e respostas rápidas.

3. **Sensação de controle ilusório:** A tecnologia nos dá a falsa impressão de que podemos prever e controlar o comportamento dos outros, como saber quando alguém está "on-line" ou viu nossa mensagem. Quando isso não ocorre conforme esperado, a ansiedade cresce.

4. **Aceleração da comunicação:** A rapidez da troca de informações reduziu nossa capacidade de esperar ou lidar com atrasos.

Como lidar com a ansiedade crônica relacionada à comunicação?

1. Desenvolva tolerância à incerteza:

- Reconheça que nem sempre você terá respostas imediatas e que isso não significa algo negativo.
- Pratique a pausa antes de agir: espere alguns minutos ou horas antes de reagir a uma situação que gera ansiedade.

2. Reduza expectativas irreais:

- Entenda que nem todos estão sempre disponíveis ou têm o mesmo ritmo de resposta.
- Lembre-se de que a ausência de resposta geralmente não é pessoal.

3. Trabalhe o pensamento racional:

- Questione pensamentos automáticos: "Será que eles estão ocupados?" ou "Será que o atraso realmente significa algo negativo?".
- Substitua pensamentos catastróficos por alternativas mais realistas.

4. Defina limites saudáveis:

- Reduza a dependência de notificações instantâneas desligando alertas ou estipulando horários para verificar mensagens.
- Comunique suas expectativas aos outros de maneira saudável, sem impor pressões.

5. Busque ajuda profissional:

- Ansiedade crônica pode ser tratada com terapia cognitivo-comportamental (TCC) ou outras abordagens terapêuticas que ajudam a identificar e gerenciar gatilhos.

Reflexão

A ansiedade relacionada à comunicação digital é um reflexo de como a tecnologia amplifica tendências humanas naturais, como a necessidade de conexão, validação e controle. Reconhecer os padrões de pensamento que geram ansiedade e substituí-los por abordagens mais saudáveis é fundamental para melhorar a qualidade das interações e o bem-estar emocional.

CAPÍTULO 26

OS OPOSTOS SE ATRAEM MESMO?

Uma análise sob a ótica da Psicologia

A famosa frase *"os opostos se atraem"* é frequentemente usada para descrever relações amorosas em que parceiros possuem personalidades, interesses ou estilos de vida contrastantes. Embora a ideia seja popular, a Psicologia oferece uma perspectiva mais complexa sobre o assunto, sugerindo que a resposta não é simplesmente *"sim" ou "não"*.

O atraente nos opostos

Em alguns casos, os opostos realmente se atraem. Pessoas podem ser fascinadas por características que não possuem, mas que admiram ou desejam integrar em suas próprias vidas. Por exemplo:

- **Personalidades complementares**: uma pessoa introvertida pode se sentir atraída por alguém extrovertido, pois este traz um senso de aventura ou socialização que falta em sua vida.

- **Crescimento pessoal**: parceiros diferentes podem oferecer oportunidades para aprender e crescer, introduzindo novas perspectivas e experiências.

- **Curiosidade e desafio**: a novidade e o mistério de um estilo de vida ou personalidade oposta podem ser irresistíveis, adicionando excitação à relação.

Esse fenômeno está relacionado ao princípio de complementaridade, em que as diferenças preenchem lacunas percebidas, criando um equilíbrio dinâmico no relacionamento.

A realidade da semelhança

Por outro lado, a Psicologia aponta que relações bem-sucedidas tendem a se formar entre pessoas que compartilham semelhanças significativas, especialmente em valores, objetivos de vida e visão de mundo. Isso se baseia em:

- **Teoria da similaridade**: segundo estudos, pessoas com crenças, interesses e valores semelhantes têm maior probabilidade de formar relacionamentos duradouros. A similaridade cria uma base sólida para entendimento mútuo e resolução de conflitos.

- **Facilidade de convivência**: semelhanças minimizam áreas de atrito e potencializam o conforto na relação, já que há menos necessidade de ajustar expectativas ou comportamentos.

- **Confirmação de identidade**: parceiros que compartilham interesses comuns reforçam mutuamente suas identidades, criando um senso de pertencimento e validação.

O papel do equilíbrio

A resposta definitiva parece estar no ***equilíbrio***. Relacionamentos saudáveis muitas vezes combinam aspectos complementares e semelhantes. A atração inicial pode ser impulsionada pelas diferenças, mas a sustentação da relação depende de semelhanças que criam estabilidade e cumplicidade.

Por exemplo, um casal pode ter hobbies ou estilos de comunicação opostos, mas compartilhar valores centrais como respeito, honestidade e comprometimento. Isso permite que as diferenças sejam vistas como enriquecedoras, e não como barreiras.

Considerações

A frase **"os opostos se atraem"** tem algum mérito, especialmente no início de uma relação, mas a Psicologia sugere que, a longo prazo, a semelhança em aspectos fundamentais tende a ser mais importante para a durabilidade e a satisfação no relacionamento.

Portanto, o ideal é buscar um equilíbrio entre admiração pelas diferenças e compatibilidade nas semelhanças. Afinal, um relacionamento saudável não é apenas sobre atração, mas sobre a capacidade de construir uma vida em comum que celebre tanto as diferenças quanto os pontos em comum.

CAPÍTULO 27

PARADOXO DA PAIXÃO

Entre o foco cego e a perda da racionalidade

A paixão é um dos estados emocionais mais intensos e paradoxais que a mente humana pode experimentar. Ela tem o poder de concentrar o foco da consciência em um único objeto de desejo – *a pessoa amada* – e, ao mesmo tempo, desativar ou distorcer as funções da lógica e do raciocínio. Essa dinâmica envolve uma combinação fascinante de processos neuroquímicos e psicológicos, que podem explicar tanto a euforia da paixão quanto sua tendência a nos tornar *"cegos"* às consequências racionais.

O que acontece no cérebro durante a paixão?

1. **Surtos de dopamina:** A paixão ativa o sistema de recompensa no cérebro, especificamente áreas como o núcleo accumbens e o córtex pré-frontal. Isso ocorre devido ao aumento da dopamina, um neurotransmissor associado ao prazer e à motivação. Quando estamos apaixonados, o cérebro nos recompensa com sensações de euforia sempre que estamos perto ou pensamos na pessoa amada.

2. **Níveis elevados de noradrenalina:** A paixão também estimula a produção de noradrenalina, responsável pela excitação e pelo aumento de energia. É por isso que apaixonados podem sentir o coração acelerar, as mãos suarem e uma sensação constante de alerta em relação à pessoa desejada.

3. **Redução da serotonina:** Estudos mostram que apaixonados possuem níveis mais baixos de serotonina, semelhante ao que ocorre em transtornos obsessiva-compulsivos. Isso pode explicar o pensamento intrusivo e constante sobre o parceiro, dificultando o foco em outras áreas da vida.

4. **Inibição do córtex pré-frontal:** O córtex pré-frontal, responsável por decisões lógicas, avaliação de riscos e autocontrole, apresenta atividade reduzida durante a paixão. Isso explica a *"cegueira"* emocional, devido a qual ignoramos sinais de alerta ou agimos de modo irracional.

Por que a paixão é tão descontrolada?

A paixão é uma resposta evolutiva. Do ponto de vista biológico, ela surgiu para nos motivar a formar laços reprodutivos rápidos e intensos, garantindo a sobrevivência da espécie. Esse estado emocional intenso faz com que o cérebro priorize o vínculo e ignore obstáculos ou riscos percebidos como menores diante do objetivo maior.

Porém, em tempos modernos, em que o sucesso das relações não depende exclusivamente de reproduzir-se, essa força pode se transformar em obsessão ou sofrimento emocional, especialmente quando as expectativas não são correspondidas.

Por que mentimos e justificamos atos de paixão?

A paixão estimula mecanismos inconscientes de autopreservação do vínculo. Mentimos ou justificamos ações irracionais porque o cérebro, intoxicado por neurotransmissores como dopamina e **oxitocina** *(o "hormônio do vínculo")*, cria uma narrativa que protege e valida o desejo intenso. Isso ocorre porque admitir erros ou fraquezas em nossas decisões poderia ameaçar o ideal que construímos da pessoa amada.

Por que paixão é resistente a alertas externos?

Quando tentamos alertar uma pessoa apaixonada sobre os aspectos negativos da relação, ela frequentemente resiste ou reage defensivamente. Isso ocorre por:

1. **Ativação do sistema de recompensa:** Para o cérebro apaixonado, qualquer crítica ao objeto de desejo é percebida como uma ameaça direta ao prazer e à recompensa.

2. **Viés de confirmação:** A pessoa apaixonada filtra informações que reforçam sua narrativa idealizada, ignorando fatos que não se alinham à sua visão romântica.

3. **Redução da empatia para outros contextos:** Durante a paixão, o hiperfoco no parceiro diminui a capacidade de considerar opiniões externas, pois a mente está direcionada para preservar o vínculo. Lembro novamente o exemplo do paradoxo do furacão.: *"Quem está dentro do olho do furacão não enxerga o estrago tangencial"*.

Quanto tempo dura a paixão?

A paixão não é eterna. Estudos sugerem que, biologicamente, a fase intensa da paixão tende a durar entre 12 e 24 meses. Após esse período, os níveis de dopamina e noradrenalina diminuem, e o vínculo pode se transformar em amor mais estável e baseado na cumplicidade (*mediado pela oxitocina e vasopressina*) ou, em alguns casos, se dissolver, *colocando um* **ponto final** *na paixão fervente.*

Aspectos negativos da paixão descontrolada

1. **Negação da realidade:** A paixão cega pode levar as pessoas a ignorarem comportamentos tóxicos, sinais de incompatibilidade ou até mesmo riscos reais à sua segurança.

2. **Obsessividade e depressão:** Quando a paixão não é correspondida ou termina, os níveis reduzidos de serotonina e dopamina podem provocar sentimentos de obsessão ou sintomas depressivos.

3. **Comprometimento de outras áreas da vida:** A hiperfocalização pode prejudicar relações sociais, desempenho profissional ou acadêmico, e autocuidado.

Reflexão final: o paradoxo da paixão

A paixão é um estado paradoxal. Ela intensifica a alegria, mas pode levar à dor; nos conecta profundamente, mas também pode nos isolar da racionalidade. É uma força poderosa que impulsiona o ser humano, mas que precisa ser equilibrada com consciência e maturidade, para que não se torne destrutiva.

A paixão, portanto, é uma celebração da vulnerabilidade e da intensidade emocional, mas o desafio está em reconhecer seus limites. Com o tempo, aprendemos que amar é mais do que focar cegamente o outro; é também compreender e valorizar a nós mesmos dentro da relação.

CAPÍTULO 28

É POSSÍVEL FREAR UMA PAIXÃO?

Sim, e o poder do "propósito comum" pode ser a chave

Frear uma paixão descontrolada não é fácil, pois ela está enraizada em processos químicos e emocionais intensos que envolvem áreas profundas do cérebro, como o sistema de recompensa e as redes ligadas ao apego e à emoção. No entanto, a paixão pode ser controlada e redirecionada com esforço consciente, especialmente quando ela está trazendo sofrimento, prejudicando outras áreas da vida ou se tornando insustentável.

Frear uma paixão cega é desafiador, mas não impossível, especialmente quando se utiliza o poder do *"propósito comum"* para redirecionar o foco e reconstruir relações rompidas. No caso de um casamento abalado por uma paixão extraconjugal, a parte que deseja salvar a relação pode usar a força dos objetivos compartilhados – *como a importância da família,* dos sonhos em comum e da história construída – *para resgatar o vínculo e ajudar o parceiro a retomar a racionalidade.*

A paixão cega, quando colocada em perspectiva com os propósitos maiores da vida a dois, pode perder sua intensidade. Aqui está como isso funciona e como o *"propósito comum"* pode ser utilizado como ferramenta de reconexão:

Frear a paixão: o que acontece no cérebro e como o propósito comum pode ajudar

1. Redirecionar o sistema de recompensa

Durante a paixão, o cérebro está intoxicado por altos níveis de dopamina, que associam prazer e euforia ao objeto do desejo. No entanto, a mesma dopamina pode ser redirecionada para objetivos de longo prazo que tragam recompensas mais significativas, *como a manutenção da família, a realização de sonhos construídos juntos e a continuidade de um lar estável para os filhos (se houver)*. Ao reforçar o impacto positivo do propósito comum, *e ao resgatar memórias felizes e conquistas alcançadas no casamento*, é possível estimular o parceiro a reconsiderar suas prioridades, diminuindo a intensidade da paixão extraconjugal.

2. Reconstruir o vínculo emocional

A paixão cega geralmente surge em um contexto em que há lacunas emocionais no relacionamento principal. A parte rompida pode buscar reconstruir o vínculo com empatia e diálogo, mostrando que a conexão e o apoio mútuos são mais profundos e valiosos do que a euforia momentânea da paixão. Explicitar o propósito comum, como o cuidado com os filhos, os sonhos compartilhados ou até mesmo planos futuros já estabelecidos, pode reacender o senso de compromisso.

CAPÍTULO 29

COMO O "PROPÓSITO COMUM" PODE FREAR UMA PAIXÃO?

1. Resgatar a racionalidade

Uma paixão cega frequentemente desativa o córtex pré-frontal, dificultando que a pessoa apaixonada pense nas consequências de seus atos. O propósito comum ajuda a ativar essa parte do cérebro ao trazer o foco para questões racionais e práticas, como:

- O impacto emocional da ruptura nos filhos.
- As dificuldades financeiras e sociais que podem surgir após o rompimento.
- O vazio que pode permanecer depois que a paixão inevitavelmente se dissipa.

2. Promover o pertencimento e a estabilidade

O propósito comum lembra à pessoa apaixonada que ela faz parte de algo maior do que si mesma. Ele reativa o senso de pertencimento ao reforçar a importância da família e das responsabilidades compartilhadas. Isso pode reduzir o impacto da paixão, que é, muitas vezes, egocêntrica e focada apenas na satisfação pessoal imediata.

3. Reduzir a idealização da terceira pessoa

A paixão cega é alimentada pela idealização, em que a terceira pessoa é vista como *"perfeita"* e a solução para todas as insatisfações. Reforçar o propósito comum ajuda a trazer a realidade à tona, mostrando que essa idealização é, na verdade, uma fantasia temporária que pode destruir a base sólida construída ao longo dos anos.

Como convencer o parceiro a reconsiderar a relação

1. Apelar ao sentimento de responsabilidade

Mostre como as decisões tomadas no calor da paixão podem prejudicar não apenas o relacionamento atual, mas também a estrutura emocional da família, especialmente se houver filhos.

Exemplo: "Se você seguir esse caminho, não apenas destruirá nosso casamento, mas causará feridas profundas em nossos filhos, que não merecem esse sofrimento".

2. Relembrar a história compartilhada

Resgate momentos felizes e conquistas vividas juntos. Memórias compartilhadas podem evocar sentimentos de gratidão e admiração pelo que foi construído.

Exemplo: "Pense em tudo que já passamos e conquistamos juntos. Vale a pena jogar tudo isso fora por algo tão incerto e passageiro?".

3. Reafirmar o amor e o compromisso

Mesmo diante da dor, reafirme sua vontade de lutar pelo relacionamento, deixando claro que está disposto(a) a reconstruí-lo juntos.

Exemplo: "Eu ainda te amo e acredito na nossa história. Vamos trabalhar juntos para superar isso e redescobrir o que nos uniu".

4. Incentivar a reflexão sobre consequências

Explique com empatia, mas com clareza, os impactos devastadores que a paixão cega pode causar:

- A destruição da relação.

- A perda da estabilidade emocional e financeira.

- A decepção inevitável quando a paixão se dissipa e a realidade da nova relação surge. Exemplo: "Essa paixão pode parecer tudo agora, mas em algum momento você verá que trocou algo sólido e duradouro por algo passageiro".

Aspectos negativos da paixão cega

- **Destruição de relações significativas:** a paixão pode levar à quebra de vínculos profundos e duradouros, como o casamento e os laços familiares.

- **Sofrimento de todos os envolvidos:** não apenas a parte rompida sofre, mas também a pessoa apaixonada e, muitas vezes, os filhos ou outros familiares.

- **Consequências irreversíveis:** a paixão cega pode levar a decisões precipitadas que deixam cicatrizes permanentes na vida de todos.

Reflexão

Frear uma paixão cega é difícil, mas quando um propósito comum, como a preservação da família ou a realização de sonhos compartilhados, é trazido à tona, ele pode ser uma força poderosa para reverter o foco. A paixão, embora intensa, é passageira, enquanto os laços baseados no propósito, no amor e no compromisso têm o potencial de durar uma vida inteira.

    A pessoa que busca salvar o casamento deve agir com paciência, empatia e clareza, ajudando o parceiro a enxergar além da névoa da paixão e a redescobrir o valor do que foi construído juntos. Afinal, o propósito comum é um lembrete de que o amor real não é apenas sobre sentir, mas também sobre escolher e construir, mesmo diante das adversidades.

CAPÍTULO 30

O PARADOXO DO FURACÃO

O paradoxo do furacão e das emoções humanas: o caos como catalisador de transformação

No contexto das emoções humanas, assim como no desenvolvimento de um furacão meteorológico, o caos surge como um fenômeno destrutivo, mas com potencial transformador. Enquanto o furacão nasce do encontro entre correntes de ar quente e frio que criam uma espiral de desordem, emoções intensas *(como raiva, tristeza ou paixão)* emergem da colisão de estímulos internos e externos que desestabilizam nosso equilíbrio psicológico.

1. Núcleo de intensidade e o olho do furacão:

- No furacão, o *"olho"* é um centro paradoxal de calma absoluta rodeado por ventos destrutivos. De modo semelhante, as emoções humanas podem apresentar momentos de clareza no auge da tempestade emocional, permitindo reflexões profundas mesmo em meio ao turbilhão.

- Neurocientificamente, isso se alinha à atividade entre o sistema límbico *(responsável por emoções intensas)* e o córtex pré-frontal (regulador racional). O momento de clareza surge da oscilação entre esses sistemas.

2. Crescimento na destruição:

- Assim como um furacão pode modificar paisagens, retirando o antigo para dar espaço ao novo, emoções humanas intensas podem levar à reconfiguração de crenças, relacionamentos e identidades. O sofrimento emocional, embora destrutivo no curto prazo, frequentemente catalisa crescimento e resiliência.

3. Ciclos naturais de formação e dissipação:

- O furacão não dura para sempre; ele se dissipa quando encontra resistência externa (como terra firme ou águas frias). Da mesma forma, emoções humanas, por mais intensas que sejam, tendem a se dissolver ao longo do tempo, especialmente quando enfrentam intervenções cognitivas, como a ressignificação ou o suporte emocional.

4. Atratividade do desastre:

- Paradoxalmente, há uma fascinação pelo furacão como espetáculo natural, assim como há um magnetismo em emoções humanas intensas, como paixão ou raiva. Estudos neurocientíficos mostram que o cérebro é atraído por picos emocionais, uma herança evolutiva que nos mantém vigilantes, mas também presos ao drama.

A conexão...

O furacão e as emoções humanas, embora pareçam fenômenos caóticos e destrutivos, revelam uma dinâmica essencial: ***o caos não é o fim, mas o prenúncio de um novo equilíbrio***. Tanto o clima quanto a mente humana são sistemas dinâmicos que, após a tempestade, não retornam ao estado original, mas emergem transformados. O paradoxo está no fato de que, para alcançar estabilidade, é necessário primeiro passar pelo caos.

Furacão da paixão cega: Uma analogia da perda de racionalidade

Imagine um furacão, uma força da natureza que surge de condições específicas, crescendo em intensidade à medida que consome energia ao seu redor. No centro desse furacão está o **olho**, um espaço aparentemente calmo, mas cercado por ventos destrutivos. A paixão cega é como esse furacão: começa de maneira discreta, mas rapidamente ganha força, consumindo pensamentos, emoções e a racionalidade, até se transformar em uma tempestade emocional que domina completamente a mente apaixonada.

A correlação do hiperfoco na paixão cega: sua biodinâmica

Assim como o furacão concentra sua energia em uma área específica, a paixão cega leva o cérebro a um *hiperfoco irracional* no objeto de desejo. Esse foco intenso é impulsionado por uma explosão neuroquímica:

1. **Dopamina (recompensa e prazer):** Assim como o calor alimenta o furacão, a dopamina alimenta a paixão, criando sensações de euforia toda vez que a pessoa pensa, vê ou interage com o objeto de desejo. O cérebro fica viciado em buscar essa *"recompensa"*, ignorando sinais de perigo ou inconsistências.

2. **Redução da serotonina (obsessão):** A serotonina, associada à estabilidade emocional, diminui durante a paixão. Isso explica por que pessoas apaixonadas se tornam obsessivas, incapazes de pensar em outra coisa, como se estivessem no *"vórtice"* do furacão.

3. **Inibição do córtex pré-frontal (perda de racionalidade):** O córtex pré-frontal, responsável pela lógica e avaliação de riscos, é desligado pela intensidade emocional, assim como o olho do furacão cria uma falsa calmaria enquanto a tempestade gira violentamente ao redor.

A armadilha do furacão emocional

Dentro do furacão da paixão cega, o indivíduo está à mercê de seus próprios impulsos e carências emocionais. Assim como o furacão destrói tudo em seu caminho, a paixão cega pode:

- **Destruir relações:** quando a pessoa abandona parceiros, família ou amigos para perseguir sua obsessão.

- **Ignorar alertas externos:** assim como o centro do furacão parece sereno, a pessoa apaixonada ignora avisos de outros, acreditando que tudo está *"sob controle"*.

- **Desgastar a si mesma:** a paixão consome energia emocional e mental, levando ao esgotamento e à instabilidade quando a dopamina eventualmente diminui.

O paradoxo: euforia e destruição

O paradoxo da paixão cega é que ela parece ser uma experiência incontrolavelmente maravilhosa enquanto está acontecendo, mas, como o furacão, deixa destruição no caminho. Essa destruição muitas vezes só é percebida quando o furacão emocional perde força – *quando a paixão diminui e a realidade emerge*. Nesse ponto, as consequências aparecem:

- Relacionamentos anteriores destruídos.

- Feridas emocionais profundas para todos os envolvidos.

- Um vazio interno causado pela idealização excessiva do objeto de desejo.

Por que caímos na armadilha do furacão?

Assim como as condições atmosféricas criam um furacão, as condições emocionais e psicológicas alimentam a paixão cega. Geralmente, isso envolve:

- **Carência emocional:** a paixão cega nasce da necessidade de preencher um vazio interno, buscando no outro algo que falta em si mesmo.

- **Busca por dopamina:** o cérebro busca a euforia da recompensa imediata, ignorando consequências de longo prazo.

- **Idealização:** a mente constrói uma visão exageradamente positiva do objeto de desejo, assim como o furacão intensifica sua força ao absorver energia.

Como escapar do furacão da paixão cega?

Assim como sobreviver a um furacão exige preparação e estratégia, escapar do furacão emocional da paixão cega requer:

1. **Reconhecer o ciclo:** compreender que a paixão cega é impulsionada por neurotransmissores temporários pode ajudar a reativar a racionalidade.

2. **Desviar o foco:** redirecionar a atenção para outros objetivos ou propósitos, como relações familiares ou crescimento pessoal, pode enfraquecer o *"vórtice"* da obsessão.

3. **Buscar apoio externo:** ouvir conselhos de pessoas fora do *"furacão emocional"* pode trazer perspectiva.

4. **Praticar o autocuidado:** investir em atividades que aumentem a serotonina (exercício, meditação) pode ajudar a estabilizar as emoções.

5. **Buscar outras formas saudáveis de se obter DOPAMINA:** A **dopamina** é um neurotransmissor essencial para o bem-estar mental, associado a sensações de prazer, motivação e recompensa. Obter dopamina de modo saudável envolve práticas que equilibram seu sistema de recompensas, evitando excessos que podem causar dependência ou desgaste emocional. Aqui estão algumas estratégias:

1. Exercício físico regular

- Atividades físicas, como corrida, dança ou yoga, aumentam a liberação de dopamina e outros neurotransmissores, como serotonina e endorfina.
- Escolha exercícios que você goste para associar o esforço à recompensa emocional.

2. Alimentação balanceada

Certos alimentos ajudam a aumentar a dopamina:

- **Ricos em tirosina** (precursor da dopamina): ovos, peixes, frango, tofu, nozes, sementes, laticínios e banana.
- **Ricos em antioxidantes:** frutas vermelhas, espinafre e chá verde protegem os neurônios dopaminérgicos.
- Ômega 3: presente em peixes gordurosos, chia e linhaça, contribui para a saúde do sistema nervoso.

3. Estabelecimento e realização de metas

- Pequenas conquistas liberam dopamina, criando um ciclo positivo de motivação.
- Divida grandes objetivos em metas menores e celebre cada progresso alcançado.

4. Sono de qualidade

- A privação de sono reduz os níveis de dopamina. Priorize um descanso adequado (7-9 horas por noite) para manter seu sistema neural saudável.
- Crie uma rotina noturna relaxante e evite estímulos excessivos antes de dormir.

5. Meditação e *mindfulness*

- Práticas de meditação reduzem o estresse e promovem equilíbrio nos neurotransmissores.
- A atenção plena (*mindfulness*) ajuda a apreciar pequenos momentos, aumentando a sensação de prazer e recompensa.

6. Conexões sociais

- Interações saudáveis e agradáveis com amigos, familiares ou parceiros estimulam a produção de dopamina.
- Momentos de afeto, como abraços e conversas profundas, são especialmente eficazes.

7. Atividades criativas

- Desenhar, tocar um instrumento, escrever ou cozinhar algo novo estimula o cérebro a liberar dopamina.
- Criatividade é um prazer intrínseco, reforçando o bem-estar sem dependência externa.

8. Consumo moderado de tecnologias

- Embora as redes sociais ofereçam dopamina por meio de curtidas e notificações, o uso excessivo pode causar desequilíbrios.
- Limite o tempo nas telas e prefira interações reais.

9. Natureza e luz solar

- A exposição à luz natural aumenta os níveis de dopamina e melhora o humor.
- Passe tempo ao ar livre, caminhe em parques ou pratique atividades em ambientes naturais.

10. Práticas de gratidão

- Registrar ou refletir sobre coisas pelas quais você é grato ativa circuitos de recompensa no cérebro.
- Comece um diário de gratidão para cultivar positividade e liberar dopamina de modo natural.

11. PETS – O poder dos animais

- Animais de estimação desempenham um papel significativo no bem-estar emocional e mental, contribuindo diretamente para a produção de neurotransmissores como *dopamina, oxitocina e serotonina*. A interação com um pet, seja por meio de carícias, brincadeiras ou simplesmente sua presença, estimula o sistema de recompensa cerebral, proporcionando prazer e reduzindo o estresse. Esse vínculo emocional reforça sentimentos de conexão, segurança e felicidade, especialmente para pessoas que enfrentam solidão ou dificuldades emocionais. Além disso, os pets incentivam práticas saudáveis, como caminhadas regulares no caso de cães, o que beneficia a saúde física e aumenta a liberação de *dopamina pelo exercício*. Observá-los em momentos de diversão ou comportamento espontâneo traz alegria e ativa circuitos cerebrais ligados ao prazer.

Estudos científicos confirmam que a convivência com animais promove relaxamento, melhora o humor e pode até reduzir a pressão arterial, demonstrando o impacto positivo deles na saúde integral. Assim, além de companheiros fiéis, os animais de estimação se tornam aliados naturais no cuidado com a mente e o coração, proporcionando equilíbrio e bem-estar de maneira contínua. Um diário de gratidão para cultivar positividade e liberar dopamina de modo natural.

Assim...

Essas práticas promovem a produção saudável de dopamina e também contribuem para o equilíbrio mental e emocional, criando um ciclo de bem-estar sustentável.

Pense...

A paixão cega, como um furacão, é uma força poderosa que pode transformar e destruir. No entanto, assim como um furacão perde força quando encontra terreno mais estável, a paixão cega também pode ser controlada quando a mente encontra ***equilíbrio e propósito***.

Reconhecer as armadilhas do hiperfoco e da carência emocional é o primeiro passo para escapar desse ciclo e reconstruir uma vida emocional saudável, na qual a paixão não seja uma força destrutiva, mas sim um catalisador para crescimento e conexões verdadeiras.

CAPÍTULO 31

ALGUMAS ESTRATÉGIAS PARA FREAR UMA PAIXÃO DESCONTROLADA

Fundamentadas na Psicologia e na Neurociência

1. Reconhecer e aceitar os sentimentos

O primeiro passo é **reconhecer e aceitar que você está apaixonado(a)**. Negar ou reprimir os sentimentos pode aumentar sua intensidade, já que o cérebro pode interpretar a repressão como uma ameaça, intensificando a obsessão. A aceitação ajuda a dar nome e contexto à experiência, permitindo lidar com ela de maneira mais racional.

2. Reduzir o contato e o estímulo

A paixão é alimentada pela exposição constante ao objeto de desejo, seja fisicamente ou por meio de pensamentos e interações virtuais (como mensagens, redes sociais etc.). Para freá-la:

- Limite ou interrompa o contato direto com a pessoa.
- Evite consumir conteúdos relacionados a ela, como fotos, mensagens antigas ou conversas.
- Substitua essas interações por atividades que desviem seu foco e tragam satisfação.

Esse afastamento reduz os níveis de dopamina associados à recompensa e pode diminuir gradualmente o impulso obsessivo.

3. Treinar o controle do foco mental

A paixão hiperativa está diretamente ligada ao ***hiperfoco*** na pessoa desejada. Treinar sua mente para redirecionar a atenção pode ajudar a reduzir o impacto. Técnicas úteis incluem:

- **Mindfulness**: pratique estar presente no momento, reconhecendo pensamentos relacionados à paixão sem se prender a eles.

- **Substituição cognitiva**: sempre que pensar na pessoa, substitua o pensamento por algo positivo sobre você ou outra área importante da sua vida.

- **Atividades físicas**: exercícios ajudam a redirecionar o foco e liberar endorfinas, que promovem bem-estar.

4. Resgatar a racionalidade

Durante a paixão, o córtex pré-frontal (responsável pelo pensamento lógico) tem sua atividade reduzida. Para reativá-lo, você pode:

- **Escrever os aspectos negativos** da relação ou da pessoa que você idealizou, contrastando com os positivos. Esse exercício ajuda a quebrar a *"visão idealizada"* da paixão.

- **Analisar as consequências**: pergunte a si mesmo como essa paixão está impactando sua vida em outras áreas, como trabalho, amizades, saúde mental e física.

- **Revisar a realidade**: lembre-se de que a paixão muitas vezes é construída sobre projeções, e não sobre a pessoa real. Reflita sobre quem ela realmente é, sem romantizar.

5. Estabelecer novas prioridades

Paixões intensas muitas vezes preenchem um vazio emocional ou dão um sentido momentâneo à vida. Identifique outros aspectos da sua vida que você pode nutrir, como:

- Hobbies ou projetos pessoais.
- Construção de amizades ou relacionamentos saudáveis.
- Foco em metas de crescimento pessoal ou profissional.

Ao preencher sua vida com atividades que tragam satisfação e propósito, a necessidade de hiperfocar na paixão diminui.

6. Evitar a idealização

A paixão é frequentemente alimentada pela idealização da outra pessoa. Para frear isso, tente:

- Lembrar-se de que ninguém é perfeito, e todos têm falhas.
- Reconhecer que você pode estar projetando suas próprias necessidades ou desejos na outra pessoa, em vez de vê-la como ela realmente é.

7. Buscar apoio

Se a paixão estiver causando sofrimento significativo, é útil conversar com alguém de confiança, como amigos, familiares ou um terapeuta. A perspectiva externa pode ajudar a colocar a situação em um contexto mais claro e menos emocional.

8. Respeitar o tempo

A paixão, por mais intensa que seja, não dura para sempre. Estudos mostram que o estado de paixão química no cérebro tende a diminuir naturalmente em cerca de 12 a 24 meses. Ao aplicar as estratégias apresentadas, você pode acelerar esse processo ou, pelo menos, aprender a lidar melhor com ele enquanto persiste.

Reflexão

Frear uma paixão não significa eliminá-la completamente, mas sim encontrar um equilíbrio que permita recuperar a clareza e o controle sobre suas emoções e ações. É um processo desafiador, mas profundamente recompensador, pois oferece a oportunidade de crescer emocionalmente e fortalecer a conexão com sua própria identidade.

Lembre-se: a paixão não é *"errada"*, mas aprender a gerenciá-la é essencial para evitar que ela controle você e cause impactos negativos em sua vida.

CAPÍTULO 32

QUANDO ACREDITAMOS QUE AMAMOS... SÓ QUE NÃO

O amor pela "IDEIA do ideal" e não pela pessoa em si:
CONCEITO UNIVERSAL *– reescrito pelo autor*

O amor, tão celebrado pela Psicologia, Neurociência e Filosofia, carrega em si um paradoxo inquietante: quando amamos alguém, podemos estar amando não a pessoa em sua essência, mas a *ideia* que construímos sobre ela. Esse fenômeno emerge da interação complexa entre nossos processos mentais e emocionais, moldados por expectativas, projeções e desejos internos.

Na Neurociência, o amor ativa circuitos cerebrais ligados à recompensa, como os sistemas dopaminérgicos, que nos fazem idealizar o outro. Quando apaixonados, nosso cérebro registra quem está à nossa frente e enfeita essa percepção com camadas de significado. Filtramos o que vemos, suprimimos falhas e ampliamos virtudes, criando uma versão do outro que ressoa com nossas necessidades mais profundas. Assim, não amamos a pessoa objetiva, mas sim uma narrativa subjetiva, uma projeção moldada por memórias, expectativas e química cerebral.

A Psicologia corrobora essa perspectiva ao estudar como nossas experiências passadas e crenças inconscientes influenciam nossos vínculos. Muitas vezes, o "outro" que amamos é um reflexo de nós mesmos – *nossas carências, nossos ideais ou até mesmo nossos medos*. Amamos aquilo que desejamos ver no outro, o que ele nos faz sentir ou como ele reforça nosso senso de identidade. O que chamamos de "amor" pode ser, na verdade, uma relação entre nosso "eu ideal" e a imagem idealizada do outro.

Na Filosofia, esse paradoxo encontra eco em pensadores como Platão, que em *O Banquete* sugere que o amor é sempre dirigido ao que nos falta, ao ideal que nunca alcançamos plenamente. Jean-Paul Sartre, por sua vez, nos lembra que tentar amar alguém "em si" é enfrentar a impossibilidade de conhecer verdadeiramente o outro, que sempre escapa ao nosso entendimento pleno. Nesse sentido, o amor se torna não um encontro com o real, mas uma dança entre projeções, em que a pessoa amada ocupa o papel de uma metáfora viva para nossos anseios.

O paradoxo se intensifica quando percebemos que, ao amar a ideia de alguém, também podemos amar algo mutável e efêmero. O outro, como um ser em constante transformação, desafia nossa construção idealizada, gerando conflito entre a realidade e a ilusão. Esse confronto, porém, não invalida o amor; pelo contrário, dá a ele profundidade. Talvez o verdadeiro amor surja não quando nos apaixonamos pela ideia do outro, mas quando começamos a aceitar e amar a diferença entre essa ideia e quem ele realmente é.

Assim, o paradoxo do amor reside na tensão entre o imaginário e o real, entre o que projetamos e o que descobrimos. Amamos a ideia de uma pessoa porque ela nos faz sentir completos, mas, ao fazê-lo, podemos ignorar quem ela realmente é. No entanto, é nessa tensão que o amor ganha sua força transformadora, desafiando-nos a transcender a ilusão e a nos abrir para a complexidade do outro — *e, consequentemente, de nós mesmos.*

Exemplo prático do ideal construído

Imagine uma pessoa, chamada Ana, que conhece João. Ana se sente profundamente atraída por João, vendo nele características que ela sempre desejou em um parceiro: gentileza, inteligência e segurança emocional. No início, ela se apaixona intensamente, convencida de que João é "a pessoa perfeita". Ana observa as ações de João e também interpreta seus gestos e palavras por meio de uma lente idealizada, enxergando nele não apenas quem ele é, mas quem ela quer que ele seja.

Por exemplo, quando João, em um encontro, conta sobre seu trabalho voluntário, Ana interpreta isso como uma prova de seu altruísmo absoluto, mesmo que ele mencione que faz isso apenas ocasionalmente. Ela projeta nele o ideal de "parceiro generoso e compassivo", algo que ela valoriza profundamente. Ao mesmo tempo, ignora sinais de que João, apesar de suas qualidades, é reservado e pode ter dificuldades em se abrir emocionalmente – algo que pode entrar em conflito com a necessidade de Ana por conversas profundas e intimidade constante.

Com o tempo, à medida que Ana e João passam mais tempo juntos, ela começa a perceber que João, apesar de ser uma boa pessoa, não atende completamente à ideia que ela criou dele. Ele não é tão comunicativo quanto ela gostaria, nem tão focado na relação quanto ela imaginava. Aqui, surge o confronto entre o ideal que Ana projetou e a realidade de quem João realmente é. Esse momento pode ser desafiador, gerando decepção ou até frustração.

Este exemplo ilustra o paradoxo: Ana inicialmente não estava amando João como ele é, mas a ideia de João – a imagem que ela construiu com base em suas próprias expectativas e desejos. Se Ana conseguir reconhecer e aceitar João em sua totalidade, com suas qualidades e limitações reais, o amor pode se transformar em algo mais autêntico. No entanto, se ela insistir em amar apenas a ideia, pode se desiludir e sentir que algo "mudou", quando, na verdade, foi sua percepção que ajustou.

Este exemplo mostra como a tensão entre a idealização e a aceitação é central nas relações humanas. O verdadeiro desafio do amor é aprender a deixar a ideia ir para acolher a pessoa real, com suas imperfeições e complexidades.

CAPÍTULO 33

ACEITAR AS PESSOAS COMO ELAS SÃO

Aceitar as pessoas como elas são, sem tentar moldá-las para atender às nossas expectativas, é uma das mais profundas manifestações de maturidade emocional e amor verdadeiro. Na essência, esse princípio reconhece que cada indivíduo é único, com suas histórias, imperfeições e formas de existir no mundo. Tentar mudar alguém para satisfazer nossos próprios desejos não é um ato de amor, mas de controle; é a projeção de nossas necessidades sobre o outro, reduzindo-o a um reflexo do que queremos, em vez de honrar sua identidade autêntica.

O verdadeiro amor começa com a aceitação. Isso não significa tolerar comportamentos prejudiciais ou abrir mão de limites saudáveis, mas sim compreender que o outro é um ser completo, com virtudes e falhas que coexistem. Quando exigimos que alguém mude para se encaixar em nossa ideia de perfeição, corremos o risco de sufocar sua essência, minando a autenticidade do relacionamento. Em contraste, quando aceitamos o outro como ele é, criamos um espaço de segurança emocional, em que ambos podem florescer sem medo de julgamento.

A neurociência explica que o cérebro humano busca recompensas e conforto, o que nos leva a preferir interações que validem nossas próprias perspectivas. No entanto, esse desejo de confirmação pode se tornar um obstáculo nos relacionamentos, porque as pessoas ao nosso redor não existem para nos completar ou atender às nossas expectativas. Em vez de tentar modificar o comportamento alheio, o caminho mais pleno é trabalhar em nós mesmos – *ajustando nossas percepções, desenvolvendo empatia e aprendendo a viver em harmonia com as diferenças.*

Na Filosofia, essa abordagem ecoa o conceito de amor incondicional, que valoriza o outro em sua totalidade, sem condições ou exigências. O filósofo Søren Kierkegaard afirmou que o amor verdadeiro não é desejar transformar o outro, mas vê-lo como ele é e, ainda assim, escolhê-lo diariamente. Esse amor não é passivo; pelo contrário, exige esforço contínuo para confrontar nossas próprias limitações e crescer na convivência com a diversidade.

Mudar a nós mesmos para melhor viver com pessoas diferentes de nós não é uma submissão, mas uma forma de liberdade. Quando ajustamos nossas expectativas, nos libertamos da frustração de tentar controlar o incontrolável — *o outro*. Essa mudança é, paradoxalmente, um dos atos mais altruístas e transformadores que podemos realizar. Ao nos tornarmos mais flexíveis, compreensivos e abertos, criamos relações mais saudáveis e profundas, nas quais o amor se manifesta como aceitação, respeito e apoio mútuo.

O verdadeiro amor não busca moldar o outro à nossa imagem, mas nos desafia a expandir quem somos para acolher a complexidade e a beleza de quem o outro é. Nesse encontro de aceitação e transformação mútua, encontramos a forma mais plena de viver e amar.

Um cenário simples e hipotético... mas real para muitos casais

O impacto da aceitação no relacionamento: Uma comparação de dinâmicas

Nos relacionamentos humanos, o ato de aceitar o outro como ele é se torna um dos pilares mais importantes para a construção de uma convivência saudável, tanto emocional quanto socialmente. Vamos explorar dois cenários distintos: no primeiro, um dos parceiros aceita o outro como ele é, enquanto o outro resiste às diferenças; no segundo, ambos escolhem aceitar e valorizar as singularidades do parceiro.

Cenário 1: Um aceita, o outro resiste

Imagine um casal em que uma das pessoas é mais tranquila e compreensiva, aceitando o parceiro com suas diferenças e peculiaridades, enquanto o outro tende a resistir, criticando ou tentando mudar quem o parceiro é. Nesse contexto, surgem vários desafios:

- **Emocionalmente**: a pessoa que tenta aceitar o parceiro pode experimentar frustração e esgotamento emocional, pois seu esforço para manter a harmonia não é recíproco. Já o parceiro resistente pode viver em constante insatisfação, preso a expectativas não atendidas, o que gera conflitos frequentes.

- **Socialmente**: essa dinâmica pode levar a uma desconexão social do casal, pois o constante atrito enfraquece o vínculo emocional e diminui a vontade de construir ou participar de redes de apoio e atividades conjuntas.

- **Resultados gerais**: nesse tipo de relacionamento, o desequilíbrio tende a gerar ressentimentos e barreiras emocionais. A falta de aceitação mútua impede o crescimento da relação e também afeta o bem-estar individual.

Cenário 2: Ambos escolhem aceitar um ao outro

Agora, imagine um casal em que ambos optam por aceitar as diferenças do parceiro, valorizando suas singularidades e alinhando seus objetivos em comum. Essa abordagem transforma o relacionamento em um espaço de crescimento mútuo.

- **Emocionalmente**: a aceitação cria um ambiente de segurança e respeito, no qual ambos se sentem livres para expressar suas vulnerabilidades e potencialidades. Esse nível de conexão fortalece a autoestima e a confiança de ambos os parceiros.

- **Socialmente**: a harmonia no relacionamento tende a refletir em um círculo social mais positivo. Casais que aceitam um ao outro inspiram amigos e familiares, além de construir uma rede de apoio baseada em respeito e admiração.

- **Resultados gerais**: quando há aceitação mútua, o casal soma forças em vez de se desgastar. Essa sintonia permite superar desafios, celebrar conquistas e construir um propósito compartilhado, seja na criação de filhos, em projetos de vida ou em sonhos individuais que se tornam coletivos.

Comparação de ganhos entre os dois cenários

No primeiro cenário, o desequilíbrio de aceitação gera tensões que corroem a relação ao longo do tempo, enquanto no segundo, a aceitação mútua transforma diferenças em complementaridades. Quando duas pessoas estão em sintonia, os benefícios incluem:

- **Maior resiliência emocional**: conflitos são enfrentados com empatia, reduzindo o impacto de crises na relação.

- **Melhoria na comunicação**: a aceitação facilita o diálogo aberto, sem medo de julgamento.

- **Fortalecimento da conexão social**: o casal se torna uma base de apoio mútuo e inspira outros ao seu redor.

- **Satisfação de vida**: um relacionamento baseado na aceitação promove bem-estar geral, contribuindo para uma vida mais equilibrada e significativa.

A aceitação mútua é, portanto, um catalisador de harmonia e crescimento em qualquer relação. Escolher compreender e acolher o parceiro em sua totalidade – *em vez de resistir às diferenças* – é uma decisão que impacta o relacionamento e a qualidade de vida emocional e social dos envolvidos. Afinal, quando duas pessoas estão em sintonia, somando seus propósitos e abraçando suas diferenças, constroem juntas uma vida mais saudável, rica em significado e plena em amor.

CAPÍTULO 34

O "PROPÓSITO COMUM" NOS RELACIONAMENTOS

O papel de uma força poderosa e unificadora

O propósito em comum desempenha um papel central em fortalecer relacionamentos, mesmo quando parceiros enfrentam diferenças ou conflitos. Esse conceito transcende características individuais, pois oferece uma direção compartilhada que conecta os envolvidos em um nível mais profundo. Na Psicologia das relações, o propósito em comum pode ser entendido como um alicerce que ajuda casais a enfrentar desafios e encontrar sentido na vida conjunta, independentemente de serem opostos ou semelhantes.

Relembrando: o que é propósito em comum?

O propósito em comum refere-se a objetivos, valores ou sonhos que ambos os parceiros compartilham e que os orientam enquanto constroem sua relação. Esses propósitos podem incluir:

- Criar uma família ou educar filhos juntos.

- Trabalhar para objetivos financeiros ou profissionais compartilhados.

- Manter valores éticos ou espirituais alinhados.

- Apoiar-se mutuamente em crescimento pessoal e emocional.

- Participar de projetos sociais, culturais ou criativos que ambos valorizem.

Ter um propósito em comum oferece uma visão de futuro para o casal, proporcionando uma base sólida para lidar com dificuldades e construir algo maior do que as diferenças individuais.

Como o propósito em comum ajuda a fortalecer relacionamentos?

1. Unidade em meio ao conflito

Mesmo em situações de desacordo, um propósito compartilhado pode servir como um "norte" para o casal. Ele ajuda a lembrar por que estão juntos e o que estão tentando alcançar, oferecendo uma razão para superar desentendimentos momentâneos.

2. Resiliência em tempos difíceis

Propósitos comuns criam uma narrativa de união e significado que dá força ao casal durante períodos de estresse ou crise. Por exemplo, casais que enfrentam desafios financeiros, mas compartilham o propósito de construir uma vida melhor, são mais propensos a se apoiar e persistir juntos.

3. Aumenta o sentimento de pertencimento

Ter um objetivo maior que transcende interesses individuais cria um senso de *"nós"*, em vez de *"eu e você"*. Isso fortalece a identidade do casal e reduz a tendência de focar apenas as diferenças.

4. Promove compromissos saudáveis

Quando os parceiros têm um propósito claro, as decisões tornam-se mais alinhadas. Ambos estão dispostos a ceder ou encontrar soluções que beneficiem a realização do objetivo maior.

5. Cultiva empatia e compreensão

O propósito em comum incentiva os parceiros a enxergarem o relacionamento de maneira mais ampla, ajudando-os a valorizar os esforços e as perspectivas do outro em prol de algo significativo.

Exemplo na prática

Baseado numa história real – casal após 10 anos vivendo em uma relação tóxica. Imagine um casal que enfrenta constantes conflitos de personalidade, *um deles é altamente organizado e metódico, enquanto o outro é espontâneo e desorganizado.* Embora as diferenças causem atritos no dia a dia, ambos compartilham o propósito de dar uma boa educação aos filhos. Esse objetivo maior pode motivar o casal a trabalhar em suas divergências e encontrar formas de colaborar, colocando o bem-estar da família acima de questões individuais.

No exemplo apresentado, o casal enfrenta conflitos devido às diferenças de personalidade, mas compartilha o objetivo comum de oferecer uma boa educação e criar um ambiente saudável para os filhos. Essas divergências, quando vistas sob uma perspectiva colaborativa, podem se transformar em oportunidades para complementariedade e crescimento mútuo.

Após se separar, o casal optou por terapia de casal a fim de tentar reestabelecer a relação.

Olhe como a vida pode ser interessante

A seguir estão sugestões práticas que o casal do exemplo (que chamaremos de Pedro e Fernanda), utilizaram para alinhar esforços e transformar essas diferenças em uma força conjunta:

Análise geral da dinâmica do casal

1. Pedro: *Organizado/metódico/tímido/caseiro/uma tarefa de cada vez.*

- **Pontos fortes:** criatividade, planejamento, estabilidade e estrutura.

- **Pontos fracos:** rigidez e dificuldade em lidar com situações inesperadas ou com multitarefas.

2. Fernanda: *Espontânea/sem filtro nas palavras/desorganizada/gosta de baladas/social/pouca empatia/prática/multitarefas.*

- **Pontos fortes:** praticidade, adaptabilidade e flexibilidade, foco.

- **Pontos fracos:** falta de consistência e organização, magoa as pessoas sem perceber ou sem fazer diferença.

Essas características, se trabalhadas de maneira complementar, podem criar um ambiente que combina a segurança de uma rotina estruturada com a leveza da espontaneidade. **Vamos ver:**

Sugestões de ações conjuntas

1. Definir papéis baseados nas habilidades de cada um:

- O parceiro organizado pode assumir responsabilidades que demandem planejamento, como gerenciar as rotinas diárias, organizar compromissos escolares ou planejar atividades de longo prazo.

- O parceiro espontâneo pode trazer dinamismo ao dia a dia, como criar brincadeiras, lidar com imprevistos e promover momentos de diversão e criatividade.

2. Estabelecer objetivos familiares claros:

- Ambos devem dialogar sobre o que significa *"dar uma boa educação"* aos filhos e definir valores centrais como respeito, responsabilidade e amor.

- Criar uma visão compartilhada ajuda a minimizar os atritos e manter o foco no objetivo maior.

3. Criar um sistema de comunicação eficaz:

- Estabelecer momentos regulares para discutir a dinâmica familiar, compartilhar preocupações e avaliar o que está funcionando ou precisa ser ajustado.

- Priorizar uma comunicação não acusatória, focada em soluções e na colaboração.

4. Conciliar estrutura com flexibilidade:

- Estabelecer rotinas básicas que ofereçam segurança às crianças *(horários de estudo, alimentação e sono)*, mas permitindo flexibilidade para momentos espontâneos de diversão e aprendizado.

- Por exemplo: ter um horário fixo para refeições em família, mas deixar o cardápio ou a forma de preparo para momentos criativos.

5. Reforçar um ao outro na frente dos filhos:

- Mesmo em desacordo, é importante que os filhos vejam ambos como uma unidade. Discussões ou críticas sobre as diferenças devem ser resolvidas em particular, mantendo o ambiente familiar positivo.

6. Desenvolver empatia mútua:

- O parceiro metódico pode aprender a valorizar o papel da flexibilidade e da criatividade no desenvolvimento das crianças.

- O parceiro espontâneo pode perceber o impacto positivo de uma rotina estável no equilíbrio emocional dos filhos.

7. Participar juntos de atividades parentais:

- Envolver-se em tarefas que promovam conexão familiar, como ler para os filhos, ajudá-los nos trabalhos escolares ou participar de passeios e brincadeiras, reforça o espírito de equipe.

8. Buscar apoio externo, se necessário:

- Participar de cursos sobre educação infantil ou buscar orientação de um terapeuta familiar pode ajudar o casal a alinhar suas abordagens parentais.

Exemplo especial

Vamos agora construir dois cenários: 1 caótico e 2 complementação, utilizando como exemplo o mesmo casal (anterior), vamos a uma ressíntese de *fatos reais*.

Cenários divergentes e colaborativos

Com base nas características e habilidades individuais de Pedro e Fernanda, podemos identificar dois cenários distintos que refletem como suas diferenças podem gerar conflitos ou, alternativamente, se tornarem a base para um relacionamento saudável e construtivo.

Cenário 1: Impacto negativo das diferenças

Quando as características individuais de Pedro e Fernanda não são gerenciadas com empatia e compreensão, as diferenças de personalidade e estilo de vida podem se tornar fonte de atritos e distanciamento emocional.

1. Conflitos de personalidade:

- **Pedro:** com seu perfil organizado e metódico, pode se sentir sobrecarregado pela desorganização e espontaneidade de Fernanda, percebendo-a como caótica ou irresponsável.

- **Fernanda:** sua franqueza e falta de filtro podem magoar Pedro, que valoriza uma comunicação mais sensível. Além disso, sua dificuldade em lidar com críticas pode gerar defensividade frente ao feedback analítico de Pedro.

2. Falta de reconhecimento mútuo:

- Pedro pode sentir que suas contribuições organizacionais são ignoradas, enquanto Fernanda pode interpretar sua busca por estrutura como controle ou rigidez.

- A necessidade emocional de Pedro por validação pode ser frustrada pela dificuldade de Fernanda em expressar sentimentos de maneira explícita.

3. Resultados potenciais:

- **Emocional:** Pedro pode se retrair e desenvolver inseguranças, enquanto Fernanda pode se sentir sufocada por cobranças emocionais.

- **Social:** o casal pode se distanciar, com Fernanda buscando validação em outras interações e Pedro se isolando para evitar conflitos.

- **Conflitos recorrentes:** divergências de valores e estilo de vida geram desgaste emocional, dificultando a convivência.

Cenário 2: Transformação das diferenças em complementaridade

Se Pedro e Fernanda adotarem uma postura de aceitação e colaboração, suas diferenças podem se transformar em uma poderosa aliança, com cada um trazendo forças únicas para a relação.

1. Alinhamento de habilidades:

- **Pedro:** sua organização e planejamento criam uma base estável para o casal, permitindo que as ideias de Fernanda se tornem viáveis sem perder o dinamismo.

- **Fernanda:** sua adaptabilidade e criatividade trazem leveza e inovação à rotina, ajudando Pedro a sair da zona de conforto e explorar novas possibilidades.

2. Propósito compartilhado:

- Ambos podem identificar um objetivo comum, como criar um ambiente familiar harmonioso ou trabalhar em um projeto conjunto, alinhando esforços para superar diferenças pessoais.

- Por exemplo, Fernanda pode liderar a execução de atividades familiares criativas, enquanto Pedro organiza a logística e cuida dos detalhes.

3. Comunicação eficaz:

- **Pedro:** aprende a expressar suas necessidades emocionais de maneira direta, sem receio de parecer vulnerável.

- **Fernanda:** desenvolve maior empatia, ajustando sua franqueza ao estilo sensível de Pedro, evitando críticas que possam magoá-lo.

4. Exemplo na prática:

- Em uma história real, um casal com características semelhantes usou terapia de casal para reconstruir a relação. Eles dividiram responsabilidades com base nas habilidades de cada um e definiram objetivos claros para a educação dos filhos, mostrando que é possível equilibrar estrutura com flexibilidade.

5. Resultados potenciais:

- **Emocional:** Pedro se sente mais seguro e valorizado, enquanto Fernanda percebe o impacto positivo de sua energia em um ambiente organizado.

- **Social:** o casal torna-se exemplo de parceria, demonstrando como diferenças podem ser superadas com esforço mútuo.

- **Crescimento mútuo:** Pedro aprende a lidar com imprevistos e a ser mais flexível, enquanto Fernanda desenvolve maior sensibilidade e apreciação pela organização.

Pode surgir um novo relacionamento afetivo?

Sim, é possível que um relacionamento romântico renasça a partir dessa nova dinâmica. No entanto, isso depende de fatores cruciais:

1. Cura do passado:

Ambos precisam superar os padrões tóxicos e aprender com os erros anteriores, estabelecendo limites saudáveis.

2. Novos pilares de relacionamento:

- **Respeito mútuo:** baseado no reconhecimento das qualidades individuais.

- **Crescimento conjunto:** investimento contínuo em comunicação, empatia e propósito compartilhado.

3. Reavivamento do afeto:

A convivência harmônica pode reacender sentimentos românticos, agora sustentados por uma relação mais madura e equilibrada.

Reflexão...

As diferenças de Pedro e Fernanda, embora inicialmente fonte de conflito, têm o potencial de enriquecer sua relação e fortalecer o ambiente familiar quando administradas com compreensão e empatia. Ao redefinir sua dinâmica com base em comunicação eficaz, propósito compartilhado e respeito mútuo, o casal pode transformar desafios em oportunidades para construir uma convivência significativa. Essa abordagem fortalece a relação entre Pedro e Fernanda e também cria um ambiente familiar equilibrado, em que as diferenças são usadas como um ativo para o desenvolvimento dos filhos.

A combinação de estrutura e espontaneidade pode oferecer um equilíbrio saudável, ensinando às crianças tanto a importância da responsabilidade quanto da adaptabilidade. Ao colocar o bem-estar da família acima das divergências individuais, o casal reforça seu vínculo e dá aos filhos um exemplo poderoso de amor, respeito e trabalho em equipe.

Ter uma visão comum, *um propósito comum*, é uma força unificadora que transcende as diferenças entre parceiros. Ele oferece significado, direção e resiliência diante de conflitos e desafios. Mesmo que um casal seja oposto em muitas áreas ou enfrente dificuldades, o compromisso com um propósito maior pode servir como um pilar essencial para sustentar e fortalecer o relacionamento. Em última análise, um relacionamento não precisa ser isento de diferenças para ser bem-sucedido; ele deve ser baseado em *propósito, respeito mútuo e alinhamento de valores. Ele precisa ter significado.*

CAPÍTULO 35

O PERDÃO

Tanto de si mesmo quanto do outro, é uma ferramenta poderosa nesse processo, abrindo portas para a paz interior e a renovação.

... *Seu poder*

O perdão é um processo psicológico e emocional profundo que permite a liberação de ressentimentos, mágoas e raiva em relação a uma ofensa ou dor causada por outra pessoa. Ele não significa justificar ou esquecer o ocorrido, mas sim escolher abandonar o peso emocional associado, promovendo bem-estar pessoal e relacional. *Perdoar é libertar-se...*

É um processo emocional que envolve várias etapas. Ele não ocorre de maneira instantânea, mas exige reflexão, conscientização e ação deliberada. Cada pessoa experimenta o processo do Perdão de maneira única, dependendo da intensidade da ofensa, do contexto e da relação com o ofensor.

Enfim...

O perdão é um processo vital na Psicologia Social e Relacional, com impacto direto na saúde mental e emocional dos indivíduos, na qualidade das relações interpessoais e no fortalecimento dos laços familiares. Ele não apenas liberta quem perdoa, mas também transforma os vínculos com os outros, promovendo crescimento, reconexão e harmonia.

Seja no contexto de um casal em processo de reconexão ou no âmbito familiar, o perdão é um ato de coragem e compaixão que transcende a dor, criando oportunidades para um futuro mais saudável e equilibrado. Ele é, antes de tudo, uma escolha de *amor-próprio* e de compromisso com relações mais profundas e significativas.

Seguir em frente após uma separação exige tempo, paciência e dedicação ao autodesenvolvimento. Reconstruir-se emocionalmente permite superar a perda e descobrir novas oportunidades de crescimento e conexões significativas.

Experiência própria...

Uma das principais razões que contribuíram para o desgaste do meu relacionamento e, consequentemente, para seu término, foi o meu comportamento involuntário e quase inconsciente que hoje entendo como: "*Dependência Emocional – Afetiva*". Sempre fui muito carente, buscando constantemente *atenção* no relacionamento, o que frequentemente resultava em crises de ciúmes desnecessárias. Essas crises, por sua vez, culminavam em brigas *e desentendimentos horríveis, que foram acumulando desgastes.* Embora o ciúme pela busca de afeto não tenha sido o único fator de separação, ele foi sem dúvida o precursor.

Durante o relacionamento, *com ou sem razão*, minha percepção de mundo era: *quanto mais eu isolar meu cônjuge das pessoas que eu julgava "não apropriadas para nosso convívio familiar e social", mais atenção terei dela e*, assim, mais protegidos nossos sentimentos estarão. Isso me dava uma *falsa sensação de conforto e segurança afetiva, como se estivéssemos preservando nossa família – que erro terrível cometi.*

Bem, todos nós erramos. Hoje reconheço que essas atitudes foram um reflexo de uma tentativa inconsciente de controlar o relacionamento. Acredito veementemente que podemos aprender com esses desfechos sombrios, evoluir e crescer em direção à luz do *"saber e do amor"*. Não é um caminho fácil, *mas* não é impossível.

Com esse comportamento disfuncional, acabei por criar distanciamento social, tanto para minha ex-esposa quanto para mim. Afastei-me das amizades dela, do círculo social familiar e até das pessoas que faziam parte da nossa história de vida. Com o tempo, ganhei a antipatia de muitos, desafeto alimentado pelo meu ciúme e isolamento constante de eventos sociais – *muitos desses desafetos eu rotulava como inimigos em minha mente.*

Após o divórcio, mergulhei em um período de solidão e tristeza profunda. Mas com auxílio de terapias on-line e presencial, leitura de livros, pesquisas na internet, estudo e exemplos de caso, além de intermináveis vídeos sobre relacionamentos, essas práticas de autoajuda e autoconhecimento (*processo de mais de 14 meses*) me levaram a enxergar que eu precisava de profundo desenvolvimento do sentimento-estado de: "*dependência emocional*" – *sempre esperar mais dos outros, do que de nós mesmos.*

E foi por meio desse caminho de conhecimento que aprendi – *entre várias coisas fundamentais* –, o sentido de PERDÃO... Me engajei pessoalmente em ir à presença de cada pessoa que ofendi ou me desentendi e oferecer minha nova e sincera amizade, minha disposição e disponibilidade para um novo recomeço... *Pedi perdão.* E sabe de uma coisa?: embora não tenha conseguido reconquistar minha ex-esposa com esse gesto, algo incrível aconteceu: *reconquistei amigos e pessoas maravilhosas que eu havia afastado.*

O CIÚME pode literalmente nos cegar. E digo mais uma coisa: essas pessoas, que considerava antes como inimigas, se tornaram aliadas inesperadas na tentativa da minha "reconexão" com a mãe dos meus filhos... A reconquista não veio, porém me senti acolhido, compreendido e afagado por aqueles que me afastei no passado.

Ao reconstruir esses laços e estabelecer novas bases de relacionamento, ganhei parceiros que me ajudaram a superar a dor e seguir um novo caminho. E para aqueles que lerem este trecho do livro e se reconhecerem na história: meu muito obrigado por me perdoarem e serem meus amigos agora. *Amo vocês. Para sempre...*

Então fica a mensagem final aqui do seu amigo Paulo A. B. Pepe: *Perdoe... e se perdoe... Essa é uma das maiores forças do universo... Acredite...*

CAPÍTULO 36

HERANÇA FAMILIAR NEGATIVA

A origem e o fim dos abusos emocionais: a conexão final

O impacto de gerações em ambientes tóxicos e o ciclo repetitivo de sofrimento

A herança cultural não é apenas a transmissão de costumes, crenças e tradições, mas também de comportamentos, traumas e padrões emocionais disfuncionais. Quando essa herança vem de ambientes social e culturalmente pobres, marcados por intenso abuso emocional, falta de cultura educacional e dinâmicas familiares tóxicas, ela perpetua um ciclo vicioso que impacta profundamente as gerações futuras. Esse ciclo cria indivíduos psicologicamente despreparados, emocionalmente frágeis e incapazes de romper com os padrões herdados, replicando a toxicidade em suas próprias relações e comunidades.

O impacto da herança cultural negativa

1. Danos psicológicos e emocionais

- O abuso emocional, como críticas constantes, humilhação, desvalorização e falta de afeto, mina a autoestima das crianças, deixando cicatrizes que se manifestam na vida adulta em forma de insegurança, ansiedade e depressão.

- A ausência de suporte emocional adequado resulta em adultos que não sabem lidar com suas próprias emoções, criando barreiras para estabelecer relacionamentos saudáveis.

2. Despreparo educacional e social

- Em ambientes pobres de cultura educacional, o aprendizado é limitado, o que restringe a capacidade das crianças de desenvolver pensamento crítico, resiliência e habilidades sociais.

- A desvalorização da educação perpetua a falta de oportunidades e o confinamento em ciclos de pobreza material e intelectual.

3. Famílias tóxicas e relações disfuncionais

- Ambientes familiares marcados por conflitos constantes, autoritarismo, negligência ou abandono criam uma visão distorcida de relacionamentos e intimidade.

- A falta de exemplos positivos dentro da família leva à replicação de comportamentos abusivos e dinâmicas destrutivas nas gerações subsequentes.

4. Normalização da violência e do sofrimento

- Em muitos casos, a violência emocional e a negligência são tão enraizadas que se tornam normalizadas, vistas como parte inevitável da vida.

- Essa aceitação passiva das condições tóxicas impede a busca por mudança ou a percepção de que outros modos de viver são possíveis.

O ciclo repetitivo e vicioso

Esse ciclo se perpetua porque os indivíduos, moldados por essas dinâmicas, frequentemente não têm as ferramentas para questionar ou romper com os padrões herdados. Assim:

- Os avós, criados em ambientes carentes e hostis, transmitem traumas não resolvidos aos pais.
- Os pais, incapazes de lidar com suas próprias feridas, reproduzem comportamentos tóxicos com os filhos.
- Os filhos, por sua vez, carregam essas cicatrizes e as projetam em suas futuras famílias.

Esse padrão cria uma cadeia de sofrimento intergeracional, em que cada nova geração é emocional e mentalmente menos preparada para enfrentar os desafios da vida.

O que fazer? Como romper o ciclo?

Romper esse ciclo requer um esforço consciente e intencional, tanto em nível individual quanto coletivo. Aqui estão algumas estratégias:

1. Conscientização e reconhecimento

- O primeiro passo é reconhecer que há um problema. Identificar padrões tóxicos na família e entender como eles impactam as relações e o bem-estar é essencial.

- Promover debates e reflexões sobre saúde emocional e herança cultural em escolas, comunidades e grupos familiares.

2. Educação e capacitação

- Investir na educação como ferramenta de transformação. Programas que ensinem habilidades socioemocionais, resolução de conflitos e empatia podem ser particularmente eficazes.

- Garantir acesso à educação formal e extracurricular para expandir os horizontes e oferecer novas perspectivas às crianças.

3. Terapia e apoio psicológico

- Tornar serviços de saúde mental mais acessíveis, especialmente em comunidades vulneráveis, ajuda a tratar traumas e a desenvolver ferramentas emocionais para lidar com as dificuldades.

- Encorajar a terapia familiar para reconstruir relações e criar um ambiente mais saudável para todos.

4. Resgate e valorização cultural

- Reintroduzir valores culturais positivos e histórias de superação dentro das comunidades, mostrando que é possível transformar a realidade sem ignorar as raízes.

- Promover atividades que reforcem a identidade cultural de maneira saudável e fortalecedora.

5. Modelos positivos

- Pais, educadores e líderes comunitários podem atuar como exemplos de comportamentos saudáveis, criando referências para as crianças e os jovens.

- Incentivar o aprendizado por meio de figuras que demonstrem respeito, empatia e resiliência.

6. Criação de redes de apoio

- Desenvolver redes de suporte comunitário que ofereçam apoio emocional, educacional e financeiro para famílias em situação de vulnerabilidade.

- Fomentar o diálogo entre gerações, para que os mais jovens aprendam com os erros e acertos dos mais velhos.

7. Romper com a normalização

- É fundamental desafiar a ideia de que abuso e sofrimento fazem parte natural da vida. Isso inclui questionar tradições e práticas que perpetuam comportamentos tóxicos.

Uma nova herança para o futuro

Embora romper com a herança cultural negativa seja um desafio, é possível criar uma nova narrativa para as gerações futuras. Isso exige um compromisso coletivo para transformar ambientes familiares e sociais em espaços de aprendizado, empatia e crescimento. Cada esforço para quebrar padrões disfuncionais contribui para um legado de saúde emocional, respeito e conexão, plantando as sementes para uma sociedade mais equilibrada e compassiva.

Ao escolher educar, apoiar e curar, cada geração pode ser um pouco mais forte e mais preparada do que a anterior. Romper o ciclo vicioso não é apenas uma possibilidade – é uma responsabilidade que, uma vez assumida, tem o poder de transformar o futuro de maneira profunda e duradoura.

CAPÍTULO 37

O PARADOXO DA REALIDADE INVERTIDA

Entre o sonho e o pesadelo... pesadelo real do autor

A mente humana é um território de paradoxos, em que sonhos e pesadelos transitam livremente, desafiando as fronteiras do real. Imagine a minha experiência particular cuja realidade do dia a dia natural, em vez de ser um alicerce de segurança e estabilidade, tornou-se um *pesadelo contínuo*. Quando eu despertava pela manhã, tinha a sombria sensação de estar aprisionado em um mundo vazio, desprovido de tudo o que um dia significou plenitude e felicidade. Mas, ao fechar os olhos à noite, eu adentrava sonhos que deveriam ser meu tormento – *cenas que refletiam o que foi perdido* –, e paradoxalmente encontrava consolo e refúgio ali – *eu sonhava com eventos cotidianos, do dia a dia, em que minha ex-esposa e filhos eram protagonistas felizes de histórias diversas que havíamos vivido ou eventos possíveis que haviam sido programados para nosso futuro – futuro que nunca chegou – expectativa de um futuro aprisionado no inconsciente perturbado deste singelo autor.*

Esse paradoxo é uma inversão brutal da ordem natural: o sonho, tradicionalmente visto como um espelho do inconsciente onde os medos se amplificam em pesadelos, torna-se o único lugar onde eu podia realmente viver em paz e feliz. Eu sonhava com um passado que o acolhia, *uma versão idealizada da vida que escapa de minhas mãos ao acordar.* No entanto, quando os olhos se abriam para a realidade, eu não sentia o alívio do despertar; sentia o impacto de uma ausência esmagadora. A separação entre o real e o imaginário se diluía, e o sonho-pesadelo convertia-se em minha única salvação.

Nesse cenário, o que deveria ser um refúgio (*a realidade acordada*), transformava-se na angústia de um pesadelo incessante. E o que deveria ser perturbador (o sonho daquilo que eu perdi) era, na verdade, o momento em que eu encontrava uma sombra de paz. Paradoxalmente, eu vivia uma existência invertida: o sonho é a verdade reconfortante, e a realidade é o pesadelo do qual eu não podia escapar.

A tensão psicológica desse estado revela uma verdade universal: *a mente é capaz de criar refúgios mesmo nos lugares mais improváveis*. No sonho, eu recriava a relação perdida, revivia momentos de alegria e construía uma narrativa na qual a vida ainda fazia sentido. Mas a realidade, ao contrário, me prendia em um estado de consciência em que a perda é palpável e inevitável. O paradoxo, então, não está apenas na troca de papéis entre sonho e realidade, mas no fato de que ambos se alimentam um do outro: o sonho oferece um consolo temporário, enquanto a realidade intensifica a dor ao desmoronar esse consolo ao acordar.

E assim eu vivia como se estivesse permanentemente preso entre dois mundos – um onde eu encontrava a felicidade que havia perdido, e outro, onde confrontava a ausência que me consumia dia a dia. No fim, o paradoxo do sonho-pesadelo e da realidade-pesadelo é um lembrete de que o inconsciente não apenas reflete o que somos, mas também o que desejamos desesperadamente ser.

CAPÍTULO 38

A FLOR DO DESERTO

Amores perdidos ou adormecidos e seu retorno...

O amor adormecido pode ser comparado a um deserto esquecido e vazio. À primeira vista, ambos parecem áridos, sem vida, como se nada pudesse florescer naquele solo seco. No entanto, o deserto, em sua aparente imutabilidade, guarda em si um potencial adormecido. Sob a areia quente e seca, a terra abriga sementes que, com as condições certas, podem germinar. *Assim também é o amor:* mesmo quando parece perdido ou inerte, ele conserva em seu interior a capacidade de *renascer*.

No deserto, o despertar da vida exige paciência e cuidado. É preciso plantar a semente no momento adequado, no local certo, com técnicas que aliem conhecimento e determinação. É necessário regar de água na medida exata: *nem pouco*, para que a semente não morra de sede, *nem em excesso*, para que não seja sufocada e afogada. A água, nesse cenário, é a essência da vida, tal como o amor e o respeito são essenciais para o renascimento dos sentimentos esquecidos.

Da mesma forma, o amor adormecido requer o tempo certo para despertar. Ele precisa ser regado com doses equilibradas de *carinho, afeto, respeito e empatia*. Não se trata de forçar ou apressar o processo, mas de nutrir o sentimento com paciência e fé, acreditando em seu potencial de florescer. Assim como no deserto, onde cada gota de água é preciosa, no amor, cada gesto de cuidado tem um impacto significativo.

Quando essas condições se alinham – *o tempo certo, a dedicação e os elementos essenciais* –, algo extraordinário acontece. No deserto, a semente brota, e, aos poucos, uma planta surge, floresce e dá frutos, transformando o que parecia infértil em um espetáculo de vida. No amor, o mesmo processo ocorre: o sentimento adormecido desperta, cresce e floresce, muitas vezes mais forte e belo do que antes, porque foi moldado pela paciência e pela adversidade.

Essa analogia nos lembra de que mesmo em tempos difíceis, como no deserto, a vida e o amor são possíveis de despertar e aflorar. Eles apenas pedem a combinação certa de cuidado, perseverança e fé para revelar toda a beleza que escondem.

CAPÍTULO 39

INEVITABILIDADE E ACEITABILIDADE

Dois pilares fundamentais do comportamento humano

No contexto da Psicologia Moderna, da Filosofia e até das interpretações metafísicas oferecidas pela Física Quântica, os conceitos de *inevitabilidade* e *aceitabilidade* representam forças complementares que moldam o comportamento humano e nossas percepções sobre o mundo.

Inevitabilidade: O reconhecimento do incontrolável

A inevitabilidade refere-se à compreensão de que existem eventos e circunstâncias na vida que estão além do nosso controle. São realidades que ocorrem independentemente de nossas vontades, ações ou expectativas. Do nascimento à morte, passando por desafios, perdas e mudanças, enfrentamos situações que não podemos prever nem evitar.

Esse conceito é amplamente explorado na filosofia estoica[2], que ensina que devemos focar apenas o que está sob nosso controle – nossas reações, pensamentos e escolhas – e aceitar com serenidade aquilo que não podemos mudar. Psicologicamente, a resistência às forças inevitáveis da vida costuma gerar angústia, estresse e uma luta constante contra a realidade.

---

[2] Escola de pensamento fundada na Grécia antiga, por volta do século III a.C., por **Zenão de Cítio**. Baseia-se em princípios que promovem a virtude, a racionalidade e a aceitação serena das circunstâncias da vida. O estoicismo enfatiza a importância de viver em harmonia com a natureza, focando o que está sob o nosso controle e aceitando, com tranquilidade, aquilo que não podemos mudar.

Na Física Quântica, a ideia de inevitabilidade ganha uma perspectiva mais profunda. O universo é governado por leis invisíveis, como o entrelaçamento quântico, a incerteza de Heisenberg e as probabilidades inerentes às partículas subatômicas. Esses princípios nos lembram de que a realidade é frequentemente imprevisível, complexa e, às vezes, até paradoxal. As forças misteriosas que governam o cosmos transcendem o controle humano, colocando-nos em uma posição de humildade diante da vastidão da existência.

Aceitabilidade: A resposta consciente ao incontrolável

Se a inevitabilidade é a realidade do que não pode ser evitado, a aceitabilidade é a nossa capacidade de abraçar essa realidade com equilíbrio emocional. Aceitar que nem tudo está sob nosso controle é libertador e essencial para reduzir o sofrimento causado pela resistência àquilo que não podemos mudar.

Na Psicologia, a *aceitabilidade* é um conceito central na Terapia de Aceitação e Compromisso (ACT), que ensina os indivíduos a não combaterem pensamentos ou sentimentos difíceis, mas a aceitá-los como parte da experiência humana. Essa abordagem ajuda a aliviar a ansiedade e a angústia, promovendo um estado de presença e resiliência. A aceitação não é resignação ou passividade; pelo contrário, é uma forma de agir conscientemente dentro das possibilidades reais, sem gastar energia na tentativa de alterar o imutável.

A Filosofia também aborda a aceitabilidade como um componente crucial para a paz interior. No budismo, por exemplo, o conceito de *impermanência* nos convida a aceitar que tudo muda, e que a vida é um fluxo contínuo de transformação. Ao abandonarmos o desejo de controlar todas as circunstâncias, reduzimos o apego e alcançamos um estado de equilíbrio.

Já na Física Quântica, o princípio de aceitação pode ser associado à ideia de que o universo opera em probabilidades e incertezas. O comportamento das partículas subatômicas, regido por probabilidades em vez de certezas, simboliza a importância de abraçarmos o desconhecido. Assim como os cientistas aceitam que algumas forças e fenômenos estão além do nosso entendimento atual, podemos aplicar esse conceito para lidar com os mistérios da vida com humildade e abertura.

Impactos no comportamento humano

A interação entre inevitabilidade e aceitabilidade molda a maneira como enfrentamos desafios, respondemos ao sofrimento e buscamos significado na vida:

1. **Redução da ansiedade**: reconhecer a inevitabilidade de certas circunstâncias nos ajuda a abandonar a ilusão de controle, diminuindo o estresse e a ansiedade de tentar prever ou evitar o futuro.

2. **Resiliência emocional**: a aceitação promove a adaptação às mudanças e adversidades, permitindo-nos crescer com as experiências em vez de sermos esmagados por elas.

3. **Conexão com o presente**: Tanto a inevitabilidade quanto a aceitabilidade nos ancoram no momento presente, incentivando uma maior consciência de nossas escolhas e do que realmente importa.

4. **Humildade e empatia**: entender que estamos sujeitos às mesmas forças universais nos torna mais humildes e compassivos em relação aos outros, reconhecendo que todos enfrentam lutas invisíveis.

Forças invisíveis e o controle humano

A Física Quântica nos lembra de que forças misteriosas moldam a realidade em níveis que sequer conseguimos perceber. O entrelaçamento quântico, por exemplo, desafia as noções convencionais de espaço e tempo, sugerindo que tudo no universo está interconectado. Assim, nossas tentativas de controlar o mundo são limitadas por um intrincado sistema de forças que transcendem nossa compreensão.

Essa perspectiva reforça a ideia de que aceitar a incerteza não é uma fraqueza, mas uma sabedoria. Quando paramos de lutar contra o inevitável e nos permitimos fluir com as forças do universo, abrimos espaço para uma vida mais leve, harmoniosa e alinhada com a realidade.

O equilíbrio entre deixar ir e persistir

A inevitabilidade nos ensina sobre os limites do nosso controle. A aceitabilidade, por sua vez, nos convida a agir dentro desses limites com serenidade e sabedoria. Juntos, esses conceitos formam uma base poderosa para lidar com os desafios da vida, promovendo um equilíbrio entre o esforço consciente e o desapego. Reconhecer que há forças invisíveis tão poderosas quanto nossa vontade de controlá-las é um passo essencial para vivermos com mais paz, propósito e plenitude.

CAPÍTULO 40

A CONEXÃO FINAL

A *inevitabilidade e a aceitabilidade* são forças invisíveis que permeiam nossas emoções e relações humanas, moldando o curso de nossas histórias de amor e os desafios que enfrentamos. No contexto do livro *Conexão*, esses conceitos são fundamentais para compreender as flutuações e rupturas que, muitas vezes, definem a complexidade dos relacionamentos. Assim como não podemos controlar os ciclos da vida, também não podemos evitar que o amor passe por altos e baixos, afastamentos e reencontros, transformações e, às vezes, términos.

A inevitabilidade nos ensina que algumas perdas e mudanças fazem parte do fluxo natural da existência. Relações se desgastam, sentimentos mudam e, por mais que tentemos, há circunstâncias que estão além do nosso alcance. No entanto, é na aceitabilidade que encontramos força para seguir em frente. Aceitar que não podemos controlar tudo, que certas coisas terminam para que outras comecem, nos ajuda a transformar a dor em aprendizado e a perda em oportunidade.

Este livro nos convida a enxergar as nuances amorosas não como falhas ou derrotas, mas como parte de um ciclo maior de evolução emocional. Cada ruptura, por mais dolorosa que seja, é também um convite à reflexão, ao autoconhecimento e à reconstrução. É nesse espaço de transição que encontramos o potencial de nos reconectar – *seja com o outro, seja conosco mesmos*.

Ao encerrarmos essa jornada de entendimento sobre o amor e suas complexidades, fica claro que as emoções não seguem linhas retas. Elas fluem, mudam e, às vezes, nos desafiam a encarar a inevitabilidade das despedidas para que possamos abraçar novos começos. Essa aceitação, longe de ser resignação, é um ato de coragem e liberdade.

E assim, com essa base construída, olhamos para o futuro com um propósito renovado: *o de explorar os caminhos da reconexão e do recomeço*. O próximo passo será mergulhar nos desafios e nas possibilidades de reconstruir vínculos, ressignificar experiências e criar novas histórias, em que a esperança e o amor continuam a ser as forças que nos movem. Pois em cada fim há sempre a semente de um novo começo.

CAPÍTULO 41

NOVOS HORIZONTES

Bem, triste falar, mas preciso contar o fim desta história, *não reconquistei meu amor*, porém não posso deixar de elencar as coisas boas da vida que ganhei em contrapartida. Além do retorno da minha fé em Deus – *inabalável (pois nada nesse mundo acontece por acaso)* – desenvolvi amor pelo autoconhecimento – *ler e assistir conteúdo sobre autoajuda e reconstrução emocional é muito bom, me ajudou a escrever este manual – aplicando e estudando os próprios textos.*

E vamos à frente com os ganhos

Iniciei meu processo de evolução espiritual no que diz respeito ao aprendizado, do sentido exato do PERDÃO, RESPEITO... e AMOR – *grande maturidade emergiu nessa imersão*. Ganhei também *(um dos mais importantes)* preparo emocional e físico para iniciar a mais desafiadora nova história da minha vida... "RECONEXÃO – O RECOMEÇAR" *(futuro livro)* – e nada como o melhor: ter um grande propósito à frente, um grande projeto de vida: *"VOLTA AO MUNDO EM RODAS" – nasceu justamente no pós-divórcio*, assim como minha graduação superior em Marketing Digital e três MBAs| Gestão de Risco e Dados; Gestão de Qualidade e Produtividade; Gestão de Processos e Métodos – e já estou me preparando para mais uma pós graduação: MBA em comportamento humano – *ironia da vida*. Além disso, perdi 30 kg, *voltando a praticar atividades físicas. Curei minha pré-diabetes e normalizei (estabilizei) minha síndrome metabólica, além de estabilizar minha pressão arterial.* Agora, as duas coisas mais importante que conquistei na pós-separação, nesse caminho de pouco mais de um ano: Minha *RECONEXÃO DE PAI...* Filhos: Papai ama muito vocês quatro. Paula Eduarda, Matheus Henrique, Lucas Augusto e Pedro Paulo. E minha *RECONEXÃO...*

DO VALOR REAL DA AMIZADE com a mãe dos meus filhos – somos mais amigos hoje do que na época do namoro. *Que vida misteriosa.*

Bem... É isso, pessoal

Espero que este livro-manual – *escrito com muito carinho* – também possa ajudar você da mesma forma que me ajudou a compreender as intrínsecas veredas da vida. Não é fácil para ninguém passar por um divórcio – é muito doloroso e cruel –, ainda mais quando se ama *(por uma das partes)* e há filhos envolvidos, mas tudo é um *processo – e processo tem "início e fim"*. Bom ou ruim, rápido ou devagar... é uma circunstância da vida a qual ninguém sairá ileso... as marcas e cicatrizes nos servirão para lembrar dos erros cometidos, pois estudando o passado, compreenderemos e reorganizaremos o presente, adquirindo ferramentas para projetar e construir um futuro gratificante, próspero e sustentável...

Um grande abraço e até o próximo livro!

Mesmo na tristeza encontramos o melhor de nós, encontramos uma força (*junto da fé*) descomunal capaz de nos mover à frente – *basta acreditar, entender e aceitar as pessoas como elas são, praticar o perdão, o respeito e o amor.*

Faça de sua maior tristeza a força para recomeçar...

Esperem agora por muitos livros e vídeos durante a vigem... Vamos viajar comigo?
Obrigado, leitores!

Muitos textos foram escritos em ocasiões diferentes, momentos e tempo distintos, e ainda carregados com enlaces emocionais variantes, sentimentos diferentes situacionais... Por isso peço desculpas se houve momentos de leitura com conexões um pouco distorcidas com fragmentações temporais.

***

NOTA FINAL DO AUTOR

__Nunca se esqueça de uma constante universal:__
Para todo um fim, haverá um novo recomeço. Diante dos males da vida, encontraremos o nosso melhor, pois as árvores mais fortes foram aquelas que resistiram às tempestades desde o início sem perderem a capacidade de gerar flores e frutos.

Paulo A. B. Pepe

POEMA DE DESPEDIDA

Um dia... com amor no coração e esperança... de um lugar longínquo cheguei, mas te perdi...
Um coração se partiu, deixando pedacinhos soltos no ar...
Quando perdemos essa mágica conexão, não outro caminho haverá, a não ser procurar pelo mundo esses pedacinhos perdidos do coração... Pois dizem as lendas, que ao achá-los,
a esperança se renova e um novo destino juntos nos abraçará...
Assim...
Um dia... com amor no coração e esperança... de um lugar longínquo cheguei,
Agora para um destino ainda mais longe... partirei...
Mas pode ter certeza de que, por toda estrada que eu estiver... de você sempre me lembrarei com carinho, e para todo o sempre: perto de você me encontrarei...
sempre ao seu lado viverei...
Pois... pelos olhos dos nossos lindos filhos, eternamente... de longe, te guardarei e te protegerei... até achar os pedacinhos perdidos do seu lindo coração...
e quem sabe um dia... pelo seu amor retornarei...

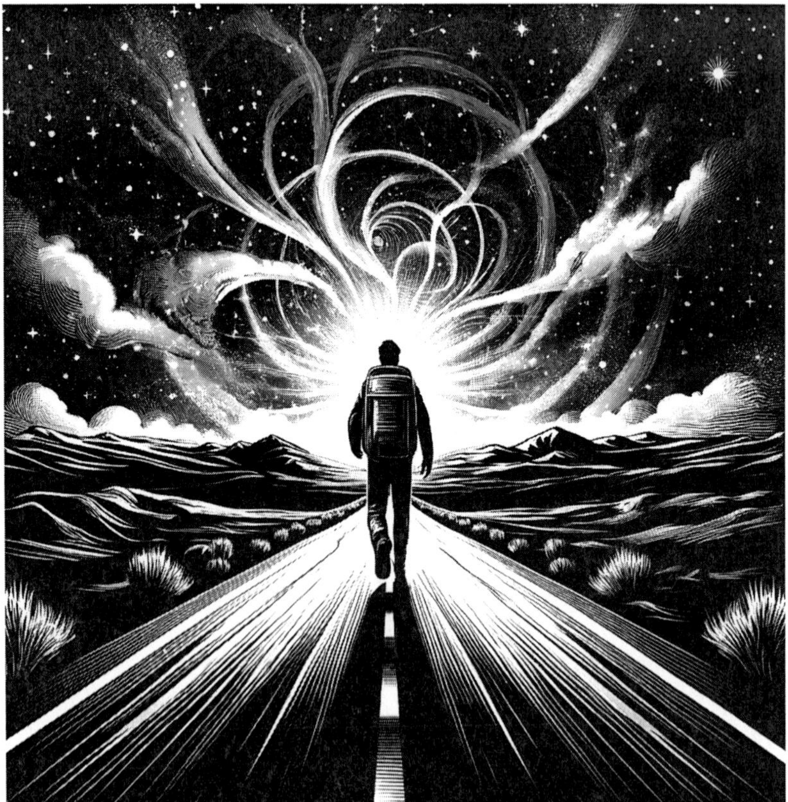

GRATIDÃO PARA O INFINITO

Leila, Juliana, adjacentes e familiares... Amo vocês... Cuidarei de vocês... sempre.

&

S2 sua chata... Mãe dos meus filhos. Eterna gratidão por ter me dado filhos maravilhosos... e perdão por tudo que deixei de fazer...

Seja feliz, apenas...

AGRADECIMENTOS ESPECIAIS

À minha mãe, que foi paciente diante as minhas frustações e angústias, sem perder a capacidade materna de ser ouvinte serena e leal, com seus exemplos de vida notáveis

Aos meus amigos mais íntimos, que por horas e dias me ouviram pacientemente

Tatiana Seixas... S2

Juliana Seixas

Gilberto Gil

Tyara Zonta

Paulo A. B. Pepe

NOTA SOBRE A IMPORTÂNCIA DO CONHECIMENTO

O conhecimento é a base para qualquer transformação significativa em nossas vidas. No contexto das relações interpessoais e das emoções humanas, ele se torna ainda mais essencial. Em minha própria experiência de vida, foi a busca por compreender a dinâmica das conexões humanas que me permitiu iniciar uma jornada de aprendizado, amadurecimento e tentativa de reconquista afetiva com minha ex-esposa.

Por meio de estudos autodidatas sobre empatia, comunicação emocional, resolução de conflitos e autoconhecimento, fui capaz de desenvolver uma compreensão mais ampla e profunda sobre os desafios e as oportunidades que existem nas relações humanas. Aplicando esses conceitos na prática, enfrentei momentos de acertos e falhas, mas em cada etapa cresci como indivíduo e como parte das relações que construí.

Aprendi, dentro da Psicologia Relacional, que quando somos "carentes emocionais – dependentes emocionais", *nós projetamos o que nos falta – expectativas e amparos emocionais,* por exemplo, *força, iniciativa e coragem, na pessoa que está ao nosso lado* – no nosso par, por isso nos apegamos tanto a elas. Essa é a grande falha estrutural de dependência emocional. *Quando a pessoa nos falta, não nos corresponde emocionalmente*, há um sentimento de vazio e tristeza. Essa é uma das naturezas do desequilíbrio sentimental e comportamental, que, por consequência, levará ao sofrimento mental, que, por sequência, fará emergir sentimentos e comportamentos externos sociais negativos, que levarão à relação ao desgaste – *"o ciúme e o sistema de controle"* entram em ação inconscientemente. Por outro lado, se pudermos primeiramente identificar essa falha em nós mesmo, como eu fiz durante meu aprendizado, podemos desenvolver tudo o que nos falta em nós mesmos, assim diminuímos ou até deixamos de depender dos outros para nos fornecer o que nos falta interiormente. Assim nasce a independência emocional, ou seja, passamos a acreditar mais em nós mesmos e criar nossas próprias expectativas sem esperar nada, ou muito pouco, dos outros à nossa volta. Passamos então a uma nova fase de vida em que obtemos apenas aquilo que há de melhor nas pessoas, sem que elas tenham a obrigação de nos corresponder. Criamos relações leves e maduras, nas quais o bem-estar social e a compreensão prevalece.

A experiência prática não apenas trouxe clareza sobre meus próprios sentimentos e comportamentos, mas também permitiu que eu transformasse o aprendizado em teoria e textos próprios. Esses escritos agora são compartilhados como parte de um esforço para ajudar outras pessoas a construir conexões mais saudáveis, significativas e resilientes.

Seja no sucesso ou no insucesso, o aprendizado que emerge do conhecimento aplicado é uma força transformadora. Minha experiência é um testemunho de que, ao buscar compreender e melhorar nossas relações, também nos transformamos em seres humanos mais maduros e conectados com nosso próprio potencial de evolução e cura emocional.

CONEXÃO – Livro baseado numa história real
PAULO A. B. PEPE e sua luta por um amor perdido...